KB247837

요한복음 1

요한복음 1~6장

옥한흠 다락방 시리즈 **18**

소그룹 성경공부 교재

요한복음 1

요한복음 1~6장

옥한흠 지음

국제제자훈련원

교재 사용에 대하여

제자훈련의 열매는 훈련된 평신도 지도자들이 사역하는 소그룹(구역, 다락방, 셀, 목장)이라 할 수 있다. 소그룹이란 성도 간에 아름다운 사랑의 교제를 나누며, 말씀 안에서 영적으로 성숙해가도록 서로 돕고, 믿지 않는 사람들을 초청하여 복음을 나누는 작은 단위의 공동체이다. 소그룹은 하나님의 말씀에 기초한다. 그러므로 각자의 삶을 드러낼 수 있도록 돕고, 변화되어야 할 삶의 목표를 분명하게 제시할 수 있는 좋은 교재가 마련되면 효과적인 소그룹을 운영하는 데 큰 도움을 얻는다. 그러나 분주한 목회자의 입장에서는 직접 교재를 만든다는 것이 그리 쉬운 일이 아니다. 이런 어려움을 해결할 수 있도록 돕기 위해 마련된 것이 '옥한흠 다락방 시리즈'이다.

본 시리즈를 사용하는 데 있어 다음 몇 가지를 참고하기 바란다.

1. 이 교재는 소그룹에서 귀납적인 방법으로 성경을 공부하기 위해 만든 것이다. 즉, 성경의 가르침을 일방적으로 주입하는 대신 충분한 토의를 통해 구성원들의 생각을 먼저 정리하고 그것을 성경의 가르침과 비교하도록 구성되었다. 결코 해답 베껴 쓰기 식의 공부가 되지 않도록 해야 한다. 서툴더라도 자기 인식과 활발한 토의 참여에 의한 생생한 결론이 나올 수 있도록 해야 한다. 따라서 지도자는 소그룹 환경에서 귀납적 방법으로 성경을 공부하는 것이 무엇인지를 반드시 먼저 배워야 한다.

2. 이 교재는 교역자가 매주 소그룹 지도자들을 먼저 예습시킨 다음 사용하게 해야 바람직한 효과를 기대할 수 있다. 소그룹 지도자가 공부할 내용을 충분히 이해해야 한다.

3. 소그룹에 참석하는 자들은 반드시 예습을 하도록 권장해야 한다.

4. 한 과를 공부하는 데에는 한 시간 이상이 필요하다. 그러므로 각 문제에 따라 답만 찾아보고 넘어가야 할 것과 충분한 토의를 통해 진지하게 적용할 것을 잘 구별해서 진행하는 것이 중요하다.

차례

Lesson 1

독생자의 영광을 보라

요한복음 1:1～18

 ## 마음의 문을 열며

요한복음을 펴면 하나님의 영광을 보는 사람들이 등장합니다. 그들은 "그 영광을 보니"라고 외치는 "우리"라는 자들입니다. 우리는 그들이 주님의 영광을 보고 환희에 차서 하나님의 이름을 높이는 모습을 자주 볼 수 있습니다. 그들의 마음에는 생수의 강이 흐르고 있습니다. 그들은 진리가 자유케 하는 은혜를 맛보고 있습니다. 또 예수 안에서 풍성한 과실을 맺어 하나님께 영광을 돌리는 은혜도 맛보고 있습니다.

요한복음을 펼치면 예수님을 개인적으로 만난 사람들의 이야기가 우리의 심금을 울립니다. 니고데모, 수가성의 여인, 베데스다의 병자, 간음하다 잡힌 여인 등. 이들은 오늘을 사는 우리 자신을 투영하는 거울입니다.

요한복음은 예수님이 십자가의 죽음을 불과 일주일 남짓 앞두고 제자들과 나누신 은혜로운 말씀을 가득 담고 있습니다. 세상 죄를 지고 가는 어린양으로서 잔혹하고 수치스러운 십자가의 죽음을 예견하고 계시던 처지라 마지막이 가까워 올수록 날마다 무거운 침묵으로 일관하셨을 것 같은데, 도리어 예수님은 더 많은 말씀을 하셨다는 놀라운 사실을 보게 됩니다. 이 시간부터 우리도 요한복음 안에 도도히 흐르고 있는 은혜의 강에 뛰어들어 축복을 누리도록 합시다.

1 예수 그리스도를 가리키는 중요한 이름들을 정리해 봅시다. 그리고
그 이름들이 그에게 합당한 이유를 설명해 봅시다.

○ 말씀(1절, 요한계시록 19:13)/

○ 하나님(1절, 빌립보서 2:6)/

○ 생명(4절, 요한복음 11:25)/

○ 빛(4, 9절, 요한복음 8:12)/

2 요한은 세상의 빛 되신 예수님을 증거했습니다. 요한의 증거에 대해
사람들은 어떤 반응을 보였습니까?

○ 7~11절/

3 우리 주변에도 똑같은 반응을 보이는 이웃이 많습니다. 그들을 대할 때 어떤 생각을 하게 됩니까? 그리고 그들을 돕기 위해 어떤 준비와 노력을 하고 있습니까?

....

....

....

....

4 14절에 나오는 "말씀이 육신이 되어 우리 가운데 거하시매"라는 말씀 을 기억하며 다음 글을 읽으십시오. 그리고 느낀 점을 나누어 봅시다.

> 태초부터 계신 하나님이요, 창조자요, 생명이요, 빛이신 그 말 씀이 육신이 되어 우리 가운데 거하셨다는 것입니다. 여기서 "육신이 되어"는 어떤 면에서 '사람이 되어'보다 더 강한 표현 이라 할 수 있습니다. 육신은 하찮은 흙으로 빚어졌습니다. 에 덴동산에서 아담과 하와를 유혹한 뱀을 향해서 하나님은 이 렇게 저주하셨습니다. "살아 있는 동안 흙을 먹을지니라"(창 3:14). 흙은 저주받은 뱀에게 먹이로 줄 만큼 천한 것입니다. 욥 도 자식이 하루아침에 다 죽고, 재산이 날아가고, 아내가 도망 가고, 무서운 병마저 걸리자 자신의 비참함을 이야기하면서 스 무 번 이상이나 자신을 흙에 비유했습니다. 흙은 그만큼 천한 것입니다.
>
> 그럼에도 태초부터 계신 하나님이 흙으로 빚어진 육신을 입 고 세상에 오셔서 우리 가운데 거하셨습니다. 여기서 '거한다' 는 말은 헬라어로 '스케노오'인데, '장막을 친다, 천막을 친다' 라는 뜻입니다. 예수께서 죄인들이 사는 곳에 오셔서 우리와 함

께 천막을 치고 사셨다는 말입니다. 버림받은 창녀 같은 인간들의 틈바구니에서 함께 주무셨다는 말입니다. 얼마나 놀라운 이야기입니까?

5 육신이 되신 예수님에게서 제자들은 무엇을 보았습니까?

○ 14절/

○ 18절/

6 초라한 사람의 모습으로 계시는 예수님에게서 하나님의 영광을 보는 일은 아무나 할 수 있는 일이 아닙니다. 그렇게 되려면 본문에 나오는 '우리' 안에 포함되어야만 합니다. 누가 '우리' 안에 포함될 수 있는 사람입니까?

○ 12~13절/

7 예수님을 하나님으로 보는 영안을 가진 사람에게는 다음의 세 가지가
너무도 분명한 사실로 받아들여집니다. 당신의 경우는 어떻습니까?

○ 믿는 것이 보는 것이다(요한복음 14:10~11)/

....

....

....

○ 아는 것이 보는 것이다(에베소서 4:13)/

....

....

....

○ 받는 것이 보는 것이다(16절)/

....

....

8 예수님에게서 하나님의 영광을 본 사람들에게 어떤 일이 일어났습니
까? 당신의 경우는 어떻습니까?

○ 14, 16절/

....

....

....

....

다음 글을 읽고 당신의 모습을 비추어 봅시다.

이제 우리는 둘 중 하나를 선택해야 합니다. 예수님을 진짜 하나님의 아들이요 하나님 자체로 받아들이든지, 아니면 과대망상증에 걸린 정신병자나 사기꾼으로 취급해야 합니다. 중간은 없습니다.

C. S. 루이스가 한 유명한 말이 있습니다. "이제 당신 스스로 선택해야 합니다. 예수님이 과거와 현재에 하나님의 아들이라고 믿든지, 아니면 미친 사람이나 그보다 더 상태가 나쁜 어떤 존재로 보든지 둘 중 하나입니다. 여러분은 그를 바보라고 몰아칠 수도 있습니다. 귀신 들렸다고 하면서 그에게 침을 뱉을 수도 있고 돌을 던질 수도 있습니다. 그러나 그렇게 하지 못하겠다면 그의 발 앞에 엎드려 '주님, 주님이야말로 나의 하나님입니다'라고 고백해야 합니다. 위대한 스승이니, 성자니 하는 허튼 생각에 빠져서 그분께 어울리지도 않는 말을 붙여서는 안 된다는 말입니다."

Lesson 2

충성된 증인 세례 요한

요한복음 1:19~34

 ## 마음의 문을 열며

예수님은 세례 요한을 '여자가 낳은 자 중에서 가장 큰 이'(마 11:11)라고 극찬하셨습니다. 그러나 그는 예수님의 등장 직후 모든 인기를 예수님께 송두리째 뺏겨버리고 삼십 대의 젊은 나이로 감옥에 갇힌 뒤 비참하게 죽었습니다.

예수님은 세례 요한을 작은 등불에 비유하셨습니다. 등불은 비록 크기가 작은 것이라도 초저녁이나 한밤중에는 오랜 시간 사람들의 사랑을 받을 수 있습니다. 그러나 찬란한 태양이 떠오르기 시작하는 이른 아침이면 단명할 수밖에 없는 운명입니다. 태양이 떠오르는데 등불이 무슨 소용 있겠습니까? 이와 같이 세례 요한은 해가 뜨기 바로 직전의 등불과 같았습니다.

인간적인 눈으로 보면 세례 요한은 사람들의 동정을 받을 만한 인물입니다. 그러나 하나님의 눈에는 예수님이 말씀하신 것처럼 역사에 등장한 그 누구보다 위대한 인물이었습니다.

이 시간에는 세례 요한이 예수 그리스도의 증인으로 얼마나 충성된 종이었는가를 배울 수 있습니다.

1   세례 요한은 표적과 기사를 행하는 능력은 받지 못한 사람이었습니다. 그러나 그의 말씀이 워낙 능력이 있어서 그의 주변에는 이스라엘 사방에서 경건한 사람들이 참 많이 몰려 들었습니다. 그 결과 유대인들이 세례 요한에 대해 품게 된 의혹은 무엇입니까?

   ○ 19~22절/

   ○ 25절/

2   숨쉴 틈도 주지 않고 "네가 누구냐?" "그리스도가 아니냐?"라고 몰아 붙이는 자들에게 세례 요한은 어떻게 대답합니까?(참고/ 말라기 4:5, 마태복음 11:14, 신명기 18:15)

   ○ 23절/

3 다음 글을 읽고 세례 요한이 철저하게 낮아질 수 있었던 이유를 말해 봅시다.

"나는 그의 신발 끈을 풀기도 감당하지 못하겠노라"(27절).

당시 유대에서는 주인의 신발을 묶고 푸는 일을 천한 노예가 했습니다. 랍비들은 스승과 제자 관계에 대해 이런 말을 했습니다. "아무리 제자가 스승을 존경한다 해도, 스승의 신발을 묶고 푸는 일만큼은 해서는 안 된다." 왜냐하면 천한 종이나 하는 일이었기 때문입니다. 그러므로 세례 요한이 자신을 가리켜 예수님의 신발 끈을 풀 만한 자격도 없는 사람이라고 한 말에는, 자기가 종보다 못하다는 자기 비하의 의미가 담겨 있습니다.

세례 요한은 어떻게 이토록 겸손할 수 있었을까요? 예수님에게서 하나님의 영광을 보았기 때문입니다. 인간이 어찌 감히 하나님과 자기를 비교할 수 있겠습니까? 세례 요한은 철저하게 인간이었습니다. 창조자와 피조물을 어찌 서로 비교할 수 있겠습니까? 세례 요한은 철저하게 피조물이었습니다. 거룩한 자와 죄인을 어찌 나란히 놓고 말할 수 있겠습니까? 세례 요한은 철저하게 죄인이었습니다. 그야말로 한줌의 흙에 지나지 않는 존재였습니다. 자기와 나이가 같은 청년 예수를 아무것도 모르고 보았을 때는 막연히 같은 입장이라고 생각했지만, 그에게서 하나님 아들의 영광을 보자 무릎을 꿇고 아무것도 아닌 존재로 돌아간 것입니다. 그가 자기를 종보다 못한 존재로 여길 만큼 겸손할 수 있었던 이유가 바로 여기에 있었습니다.

4 다음 글은 예수님의 영광을 보고 자기를 철저하게 낮추고, 복음을 담대히 전했던 어느 선교사의 이야기입니다. 당신도 철저하게 낮아져서 예수를 전할 수 있는지 함께 나누어 봅시다.

언더우드 박사는 한국교회사에서 빼놓을 수 없을 만큼 위대한 분입니다. 만약 1885년 4월, 그가 이 땅에 발을 들여놓지 않았더라면, 우리는 지금처럼 풍성한 하나님의 은혜를 맛보는 행복을 누리지 못했을 수도 있습니다.

언더우드 박사는 20대의 젊은 나이에 개화되지 않은 우리나라를 찾아왔습니다. 그는 열심히 한국말을 공부했습니다. 그리고 어느 정도 의사 소통이 가능해지자 한국 사람처럼 입고 한국 사람처럼 먹고 마시면서 벽촌 이곳저곳을 다니며 복음을 전했습니다. 때로는 나귀를 타기도 했지만 수십 리를 걷는 날도 있었습니다.

어느 날 그가 어떤 시골 주막에서 저녁을 먹는데 마을 사람들이 거의 다 몰려들어 구경을 하고 있었습니다. 마침 어떤 버릇없는 청년이 옆 사람을 보고 이렇게 말했다고 합니다. "하, 그것이 밥을 다 먹을 줄 아네." 그 말을 들은 언더우드 박사가 웃으면서 이렇게 대꾸했습니다. "예, 국도 먹을 줄 압니다." 그러자 그 청년이 놀란 표정을 지으면서 말했습니다. "야, 이것 봐라. 그것이 말도 할 줄 아네." 언더우드 박사는 여전히 미소를 잃지 않고 "예, 글도 쓸 줄 압니다"라며 그 말을 받았다고 합니다.

그때나 지금이나 사람을 가리켜 '그것'이라고 한다면 얼마나 모욕적인 말이겠습니까? 그럼에도 언더우드 선교사는 모욕을 달게 받으면서 복음을 위하여 낮아지기를 마다하지 않았습니다. 예수님에게서 하나님 아들의 영광을 본 사람이 아니라하면 할 수 없는 일입니다. 이처럼 겸손한 모습에 감동을 받은 청년은 예수님을 믿게 되었다고 합니다.

5 　세례 요한은 예수님이 메시아, 즉 구원자 되심을 어떻게 증거했습니까?(참고/ 히브리서 9:14, 요한1서 2:2)

○ 29절/

_____

_____

_____

_____

_____

6 　"세상 죄를 지고 가는"에서 세상은 누구를 가리키는 것일까요?(참고/ 요한복음 3:16)

_____

_____

_____

7 　요한은 예수님이 하나님 되심을 두 가지 사실로 증거하고 있습니다. 그 두 가지는 무엇이며, 그 이유가 어디에 있는지 생각해 봅시다.

○ 30절(요한복음 8:58)/

_____

_____

_____

○ 33~34절(요한복음 15:26)/

_____

_____

_____

 **삶의 열매를 거두며**

예수님이 세례 받으실 때 성령께서 비둘기처럼 그 위에 임하셨습니다. 우리 역시 세례 받을 때 성령이 우리 마음에 임하심을 믿습니까? 그렇다면 예수님처럼 하나님의 아들이요 그를 기쁘시게 하는 작은 예수의 모습으로 변해야 합니다. 당신의 모습은 어떻습니까?

Lesson 3

와서 보라

요한복음 1:35~46

 **마음의 문을 열며**

사람의 됨됨이를 보려면 그가 물러나는 때를 보라는 말이 있습니다. 우리 주변에서 영웅처럼 나타났다가 졸장부처럼 사라지는 사람들을 왕왕 봅니다.

이런 면에서 볼 때 세례 요한은 정말 훌륭한 인격자라고 할 수 있습니다. 그는 예수 그리스도를 위해서 자신의 명예를 완전히 주님께 드렸습니다. 그리고 그는 자기가 사랑하는 제자들까지 전부 예수님께 양보했습니다. 그 결과 예수님의 제자 그룹이 형성되는 것을 볼 수 있습니다.

이 시간에는 제자들이 어떻게 예수님을 믿게 되었는지 살펴봅시다.

말씀의 씨를 뿌리며

1 예수님은 자신을 따르는 요한의 두 제자를 보시고 두 가지 말씀을 하셨습니다. 그 말씀의 의미는 무엇입니까?

○ 38절/

○ 39절/

2 이 질문은 주님을 찾는 모든 사람에게 해당됩니다. 왜 예수를 믿는지, 왜 교회를 다니는지 자주 물어야 합니다. 그리고 주님께 가서 그가 당신의 구원자 되심을 확인해야 합니다. 당신에게도 이런 질문과 확인이 필요합니까?

3 안드레는 예수님을 메시아로 믿게 되자 제일 먼저 그의 형제 시몬이 떠올랐습니다. 안드레가 시몬에게 가서 행한 세 가지 행동은 무엇입니까?

○ 41~42절/

4 안드레에게서 우리가 배워야 할 점은 무엇입니까?

....

....

5 다음 글을 읽고 깨달은 바를 함께 나누어 봅시다.

> 예수님을 믿은 순서로는 안드레가 먼저인데 주님은 베드로를
> 열두 제자 중 수제자로 세우십니다. 그리고 야고보, 요한과 함
> 께 핵심 그룹의 한 사람으로 지명하여 자기를 그림자처럼 따라
> 다니게 하십니다.
>
> 반면 안드레는 그다지 주목을 받지 못했습니다. 성경이나 기
> 독교 역사를 보아도 안드레는 별로 두드러진 일을 하지 못한
> 것 같습니다. 베드로의 행적에 대해서는 성경이 자세하게 기록
> 하고 있지만 안드레는 이름조차 희미합니다. 사도행전을 보면
> 베드로가 복음을 들고 외쳤을 때 하루에 삼천 명이 회개하여
> 돌아오고, 오천 명이 회심하는 놀라운 기적이 일어납니다. 그
> 러나 안드레는 고작 열두 제자의 이름을 언급할 때 등장할 뿐
> 입니다(행 1:13). 복음서에도 어쩌다 이름이 나올 때는 '베드로
> 의 형제 안드레'라는 꼬리표가 달린 것을 자주 볼 수 있습니다.
>
> 그럼에도 그는 행복한 제자처럼 보입니다. 예수님 곁에서 섬
> 길 수 있다는 것만으로 행복해하는 사람 같습니다. 어떤 면에서
> 는 영적으로나 인격적인 성숙도에서 안드레가 베드로보다 한
> 수 위였다고 말할 수 있습니다. 그는 오천 명을 전도한 일이 없
> 습니다. 그러나 오천 명을 구원한 베드로를 전도한 사람이었습
> 니다. 안드레는 한 마리를 낚아도 대어를 낚았던 사람입니다.

6 빌립은 예수님을 만난 후 오랫동안 기다리던 메시아를 만났다는 감격에 가슴이 벅차 올랐습니다. 그래서 그는 가장 가까운 나다나엘을 찾아가 무엇이라고 말했습니까?

○ 45절/

_____

_____

7 나다나엘은 성경적인 지식에서 빌립보다 한 수 위였습니다. 그는 빌립이 하는 말을 듣고 틀린 것을 금방 찾아냈습니다. 그 내용이 무엇입니까?(참고/ 미가 5:2)

○ 46절/

_____

_____

_____

8 다음 글을 읽고 깨달은 바를 함께 나누어 봅시다.

> 빌립은 말이 막히자 "와서 보라"라고 했습니다.
>
> 우리는 여기서 전도의 본질을 엿볼 수 있습니다. 전도는 성경을 완벽하게 알아야 할 수 있는 것이 아닙니다. 빌립처럼 엉성하게 알아도 전도는 해야 합니다. 중매를 잘하는 사람이 처녀 총각을 연결시킬 때 잘 써먹는 말이 있습니다. 만나 보면 알 텐데 뭘 그렇게 따지느냐는 것입니다. 일리가 있는 말입니다. 서로 만나 보고 당사자들끼리 눈이 맞으면 됩니다. 다른 것은 부차적인 문제일 뿐입니다.
>
> 전도도 마찬가지입니다. 우리가 성경을 잘 모른다 하더라도 사람들을 예수님 앞으로 데려오기 위해서는 빌립처럼 전도해야

합니다. 분명히 성경 지식으로는 나다나엘이 빌립을 이겼습니다. 그런데 왜 그가 빌립을 따라왔을까요? 잘못 알고 있는 사람의 말을 더 들을 필요가 없는데 말입니다.

나다나엘은 빌립이 비록 말은 틀리게 했지만 그에게 이전과는 다른 무언가가 있음을 발견했던 것 같습니다. 자기를 대하는 눈빛, 표정, 진지한 말 속에서 '아니, 어제 보던 빌립이 아니구나. 분명히 뭔가 있어'라는 감동을 받은 것입니다.

전도는 지식만 가지고 하는 것이 아닙니다. 말만 가지고 하는 것도 아닙니다. 그리스도를 만나 변화된 인격을 함께 보여주면서 해야 합니다.

삶의 열매를 거두며

당신이 예수님을 구주로 영접한 다음 제일 먼저 찾아 신앙을 간증하고 전도한 사람은 누구였습니까? 그는 지금 어디에 있습니까?

간사한 것이 없는 사람

요한복음 1:47~51

마음의 문을 열며

창세기부터 요한계시록에 이르기까지, 성경은 하나님이 모든 것을 다 아시는 전지하신 분임을 수없이 반복하여 말씀합니다. 그러면 세상에 오신 예수님은 하나님처럼 전지하실까요? 두말할 필요 없이 예수님은 전지하십니다. 그분이 곧 하나님이기 때문입니다.

그러므로 예수님은 우리를 다 알고 계십니다. 우리 속에 있는 모든 것을 아십니다. 우리는 보고 듣고 사귀어야 서로를 알 수 있지만, 예수님의 전지는 그런 조건적인 것이 아닙니다. 그분은 초경험적으로 아십니다. 하나님으로서 그분의 전지하심은 이렇듯 독특한 성격을 가지고 있습니다. 주님이 나를 다 아신다는 사실이 얼마나 큰 위로와 힘이 되는지요.

말씀의 씨를 뿌리며

1 예수님은 나다나엘이 빌립을 따라 자기에게 오는 것을 보시고 무엇이라고 말씀합니까? 본문에서 "보라"는 일종의 감탄사입니다. 이 사실을 염두에 두고 47절을 보십시오.

2 나다니엘이 어떻게 자기를 아시느냐고 하자 예수님은 무엇이라고 대답하셨습니까?

　○ 48절/

3 간사한 것이란 무엇을 뜻합니까? 간사한 사람의 특성을 몇 가지 적어봅시다.

4 '간사한 것이 없는 자'와 '이스라엘 사람'이라는 두 말을 비교해 보십시오. 야곱이 생각날 것입니다. 하나님이 야곱의 이름을 이스라엘로 바꾸어 주시기 전까지 그는 정말 간사한 사람이었습니다. 그 예를 하나들어 봅시다(참고/ 창세기 25:27 이하, 27:15 이하).

5 우리의 마음이 간사해지기 쉬운 때가 언제입니까? 그리고 그런 마음이 들면 어떤 죄를 짓기가 쉽습니까?

6 다음 말씀을 통해 마음의 간사함을 물리치기 위해 매일 해야 할 기도가 무엇인가를 배우고 기록해 봅시다.

○ 시편 51:10/

7 다음 글을 읽고, 무화과나무 아래가 유대인들에게 어떤 장소였는지 이야기해 봅시다.

예수님은 나다나엘이 무화과나무 아래 있을 때 보았다고 했습니다. 나다나엘이 무엇 때문에 무화과나무 아래에 갔을까요? 성경을 보면 무화과나무는 여러 사실과 연관되어 있습니다. 이 본문을 설명하는 학자들의 공통된 견해는, 나다나엘이 기도하기 위해 무화과나무 아래로 갔다는 것입니다.

나다나엘은 피가 끓는 젊은이였습니다. 사회의 불의를 보고 탄식했습니다. 이스라엘 사회가 날로 썩어가며 영적으로 부패해가는 것을 보고 가슴을 쳤습니다. 그래서 그는 하나님이 약속하신 의의 왕 메시아가 속히 오기를 고대했습니다. 틈만 나면 하나님의 말씀을 묵상하면서 기도했던 것 같습니다. 가끔씩 감정을 억누르지 못하면 아무도 없는 무화과나무 아래서 흐느끼기도 하고 부르짖기도 하던 젊은이였습니다.

8 다음 글을 읽고 느낀 바를 나누십시오. 그리고 당신이 자주 찾는 무화과나무 아래는 어디인지 함께 나누십시오.

위대한 믿음의 선배인 A. W. 토저가 한 말입니다.

"단순과 고독을 기르자. 날마다 세상을 떠나 은밀한 장소로 들어가라. 침실이라도 좋다. 주위의 소음들이 당신의 마음에서 희미해지고 하나님의 현존에 대한 의식이 뒤덮을 때까지 그 은밀한 곳에 머물라. 당신의 내면에서 울리는 음성에 귀를 기울여 그것을 식별하라. 매 순간 내적으로 기도하는 법을 배우라. 영원의 눈으로 그리스도를 응시하라."

삶의 열매를 거두며

나다나엘은 예수님의 제자 중에 바돌로매를 가리킨다는 것이 정설입니다. 바돌로매는 예수님이 하나님과 세상을 이어주는 구원자임을 알고 평생 감격하며 살았다고 합니다. 예수님을 전하기 위해 불타는 심정으로 인도까지 갔습니다. 그곳에서 복음을 전하다가 사람들이 그를 물에 던졌고, 그는 그렇게 순교했습니다. 우리 가슴에 이런 열정이 있는지 살펴봅시다.

Lesson **5**

가나 혼인잔치

요한복음 2:1~11

 ## 마음의 문을 열며

예수님께서 누군가의 결혼식에 참석하셔서 하객으로 앉아 계시는 모습을 상상해 봅시다. 하나님인 예수님께서 결혼식에 참석하여 축복하시고, 그곳에 모인 사람들에게 기쁨을 주시는 장면을 생각하는 것만으로도 마음이 따뜻해집니다. 예수님이 세상에 사시면서 결혼식에 몇 번이나 참석하셨는지 알 수 없지만 성경에 기록된 사례는 이 본문밖에 없습니다.

결혼식이 열린 곳은 가나라는 지역입니다. 가나는 예수님이 자라신 나사렛에서 건너다 보이는 작은 마을입니다. 예수님과 그의 제자들은 이 결혼식에 초대를 받은 것 같습니다. 그리고 예수님의 어머니 마리아도 참석했는데, 본문을 보면 마리아는 혼인 잔치에서 아주 중요한 일을 맡아 바쁘게 움직이고 있었던 것 같습니다.

이 아름다운 장면 속에서 성령께서 교훈하시는 참된 진리를 깨닫기 바랍니다.

말씀의 씨를 뿌리며

1 유대 나라 사람들은 혼인을 주로 수요일에 합니다. 먼저 잔치를 하고
식을 거행합니다. 낮 시간 동안은 시간 제한 없이 먹고 마시고 잔치를
즐기다가 저녁 늦게 결혼식을 올립니다. 식을 마치고나면 신랑신부는
가족들과 친구들의 축복을 받으면서 첫날밤을 지낼 집으로 향하게 됩
니다. 명문 집안에서는 잔치를 며칠 동안 하는 경우도 있다고 합니다.
우리나라 결혼 풍속과 비교해 장단점을 이야기해 봅시다.

2 마리아가 예수님에게 와서 무엇을 요청했습니까? 그리고 예수님은
어떻게 대답했습니까?

    ◦ 3~4절/

3 어떻게 아들이 어머니를 보고 "여자여"라고 부를 수 있습니까? 다음
글을 읽고 정리해 보십시오.

우리는 예수님께서 마리아에게 '여자여'라고 불렀다는 사실에 굉장한 당혹감을 느낍니다. 그래서 그런지는 몰라도 '여자여'라는 호칭에 대해 연구한 자료들이 있습니다. 그에 따르면, 당시 남자가 여자를 보고 '여자여'라 부르는 것은 우리가 생각하는 것처럼 이상한 일이 아니라고 합니다. 오히려 존경하는 의미로 부르는 점잖은 호칭이라고 합니다.

그러나 한 가지 난제가 있습니다. 아무리 존경심이 담긴 호칭이라고 할지라도, 예수님처럼 아들이 어머니를 그렇게 부른 사례는 어디에도 없다는 것입니다. 문헌에도 없고 관습에도 없습니다. 그러나 우리는 예수님이 왜 그렇게 호칭하셨는지를 알고 있습니다. 예수님께서 마리아를 어머니로 모시고 한 집에서 살던 생활은 이제 끝났습니다. 이제는 마리아의 아들로서가 아니라 하나님의 아들로서, 온 세상의 죄를 짊어질 하나님의 어린양으로서 공생애를 시작하는 마당에 있었습니다. 자신의 위상이 이전과는 전혀 다른 새로운 분수령에 서 계셨습니다. 예수님은 이 사실을 마리아에게 상기시켜주고자 '여자여'라는 호칭을 사용하신 것입니다. 지금부터 예수님은 그리스도요, 마리아는 구원을 받아야 할 죄인 중 한 명입니다. 더 이상 어머니와 아들의 관계가 아니었습니다.

4 우리가 보기에는 분명히 예수님은 마리아의 청을 거절하셨습니다. 그럼에도 불구하고 마리아는 이것을 거절로 보지 않았습니다. 그녀는 하인들에게 무엇이라고 지시했습니까? 여기서 우리는 무엇을 배울 수 있습니까?(참고/고린도후서 1:19-20)

○ 5절/

_____

_____

_____

_____

5 예수님은 하인들에게 무엇을 명하셨습니까? 당신이라면 그 명령에 순종할 수 있었을 것이라고 생각합니까?

○ 7~8절/

_____

_____

_____

6 연회장은 예수님이 만든 포도주를 맛보고 칭찬을 아끼지 않았습니다 (10절). 이것은 예수님께서 잔칫집에 온 손님들을 기쁘게 해 주셨다는 것을 보여 줍니다. 우리가 세상에서 결혼, 가정, 성공, 건강 등을 놓고 기뻐하는 것은 하나님이 주신 분복입니다. 다음 구절을 통해 이 사실을 확인하십시오.

○ 전도서 9:9/

_____

_____

○ 신명기 20:7/

_____

_____

7 주님이 기도에 응답하시는 방법은 대부분이 우리의 상상을 초월하고 예측을 불허합니다. 즉 우리가 생각하는 방식대로 응답하지 않으실 때가 많다는 것입니다. 물로 포도주를 만드시리라고 누가 상상이나 했겠습니까? 이처럼 기적 같은 응답이 얼마든지 있을 수 있다는 사실을 믿습니까?

 **삶의 열매를 거두며**

예수님이 물로 포도주를 만드셨는데, 그것은 처음 마셨던 것보다 훨씬 좋은 포도주였습니다. 예수님이 주시는 은혜는 받을수록 더 좋고 맛볼수록 더 진합니다. 다음 글을 읽고 무엇을 깨달을 수 있습니까?

세상 것은 처음에는 좋다가도 나중에는 다 실망합니다. 미래학자들이 공통적으로 만들어낸 신조어로 '디스토피아'라는 말이 있습니다. 디스토피아는 낙원을 의미하는 '유토피아'의 반대말입니다. 세상의 문명은 더 발달할지 모르지만 인간성이나 도덕성은 극도로 타락하여, 세상은 낙원이 아니라 지옥이 되어간다는 경고입니다.

그러나 주님은 날마다 더 좋은 은혜를 주십니다. 우리 주님은 처음에는 좋은 것을 주고 나중에는 나쁜 것을 주시는 분이 아닙니다. 처음 것도 좋지만 나중에는 더 좋은 것으로 우리를 만족시켜주십니다.

Lesson 6

주의 전을 사모하는 열심

요한복음 2:12~25

 **마음의 문을 열며**

토저 목사는 "현대 복음주의 교회가 이야기하는 하나님은 사람을 놀라게 하는 일이 없다"라고 말했습니다. 이것은 하나님의 일면만을 가르치고 있는 교회의 실상을 적나라하게 꼬집은 말입니다. 오늘날의 교회는 성도들에게 온유하시고, 인자하시고, 사랑이 많으시고, 항상 싸매주시고, 죄를 백 번 천 번 범해도 그저 용서해주기만 하시는 사랑의 하나님에 대해서는 계속 가르치는 반면에 진노하시고, 징계하시고, 심판하시는 하나님에 대해서는 이야기하지 않는다는 뜻입니다. 그 결과 하나님을 두려워하는 마음이 없어졌다고 이야기합니다.

우리는 하나님의 속성이 보여주는 양면성을 잘 알아야 합니다. 하나님은 사랑의 아버지인 동시에 거룩의 아버지입니다. 항상 용서하시지만 종종 징계하십니다. 아버지 하나님의 품은 항상 열려 있지만, 하나님은 때로 마음을 닫아버리시는 무서운 분입니다.

우리는 유월절을 맞아 예루살렘 성전에 들어가신 주님에게서 하나님의 진노하심을 보게 됩니다.

말씀의 씨를 뿌리며

1 유월절을 맞아 성전 안에서는 어떤 일들이 벌어지고 있었습니까?

　○ 14~16절/

....

....

....

....

2 왜 당시 제사하는 성전 마당이 장사하는 시장으로 바뀌었는지 다음 글을 읽고 정리해 봅시다.

> 어떤 기록을 보면 유월절을 맞아 예루살렘에 운집한 인파가 220만 명을 넘은 경우도 있었다고 합니다.
>
> 당시 성전에 들어가려면 한 사람당 반 세겔의 입장료를 내야 했습니다. 그러나 성전에 내는 돈은 거룩해야 된다고 하여 성전 안에서만 통용되는 별도의 화폐가 있었습니다. 외국에서 온 사람들은 로마 화폐를 성전 화폐로 바꾸어야 했습니다.
>
> 게다가 성전에서 유월절 제사를 드리기 원하는 사람은 짐승을 끌고 왔습니다. 먼 지방에 있는 사람들은 그런 짐승을 끌고 여행하는 일이 대단히 번거롭고 힘들었을 것입니다. 그래서 짐승을 직접 끌고 올 필요 없이 돈만 가지고 오면 성전 안에서 짐승을 살 수 있도록 했습니다. 이렇게 하여 자연스럽게 돈 바꾸는 환전소가 생기고 그 돈으로 제사 드릴 짐승을 살 수 있는 거래소가 성전 안에 생겨난 것입니다.

당시 성전의 뜰은 세 부분으로 나뉘어 있었는데, 그 중 하나가 이방인을 위한 뜰이었습니다. 종교 지도자들은 그 뜰을 시장으로 바꾸어 버렸습니다. 사방을 대리석으로 붙여서 만든 난간 밑에서 따가운 햇살을 피하며 장사꾼들이 돈을 바꾸기도 하고 비둘이나 양 등을 팔았습니다.

종교 지도자들은 사람들이 성전 화폐로 교환할 때 환전 차익을 발생시켜 막대한 이익을 챙겼습니다.

게다가 성전에서 제사를 지내려면 짐승이나 비둘기를 가지고 와야 했는데 그 짐승은 흠이 없고 깨끗한 일 년 된 숫양이나 숫염소라야 했습니다. 사람들이 짐승을 정성껏 골라서 성전에 들어오면 검역을 담당한 관리들이 그들을 막고 온갖 트집을 잡으면서 통과시키지 않았습니다. 대신 비싼 값에 성전 안에서 파는 짐승을 사게 만들었습니다. 성전 시장에서 산 짐승이면 하자가 좀 있어도 눈감아주었습니다. 기록에 보면, 어떤 때는 밖에서 사는 값의 16배를 받아먹었다고 합니다.

얼마나 잔인한 착취입니까? 이와 같이 유대의 종교 지도자들은 기도하는 하나님의 집을 강도의 소굴로 만들어 버렸습니다.

3 지금도 기독교를 이용해 장사하는 사람들, 교회 안에서 자기 잇속을 챙기는 데 밝은 사람들이 있습니다. 이런 일에 대해 당신은 어떻게 생각합니까?

4 예수님이 장사하는 자들을 어떻게 하셨습니까? 그리고 당신은 이런 예수님의 행동을 통해 무엇을 느낍니까?

　○ 14~16절/

　..

　..

　..

　..

5 예수님이 진노하시고 성전을 청결케 하시는 모습을 보고 제자들이 기억한 말씀은 무엇입니까? 그리고 그 말씀의 의미를 생각해 봅시다. (참고/ 시편 69:9)

　○ 17절/

　..

　..

　..

　..

6 표적을 구하는 유대인들에게 예수님은 어떻게 대답하셨습니까?

　○ 18~20절/

　..

　..

　..

　..

7 예수님의 대답에는 자기가 유대인들의 손에 어떻게 죽으시고 부활하실 것을 예언하는 의미가 담겨 있었습니다. 죽고 다시 부활하는 것만큼 큰 표적이 없기 때문입니다. 그러나 유대인들은 주님의 말씀을 알아 듣지 못하고 크게 오해했습니다. 나중에 이 말씀 때문에 예수님이 죽음으로 몰리시는 것을 볼 수 있습니다.

○ 마가복음 14:55~58/

_____

_____

_____

_____

○ 마가복음 15:29~30/

_____

_____

_____

8 예수님의 표적을 보고 믿는다고 따르는 자들이 많았습니다. 그러나 주님의 태도는 매우 신중했습니다. 왜 그렇습니까?

○ 23~25절/

_____

_____

_____

_____

_____

9 이 사실에서 우리가 꼭 명심해야 할 진리가 무엇이라고 생각합니까?
(참고/ 시편 4:3~5)

....

....

....

....

....

....

 삶의 열매를 거두며

우리 주변에는 예수님의 말씀을 잘 깨닫지 못해 오해하고 심지어 믿기를 거부하
는 자들이 많습니다. 이들을 어떻게 도와 주는 것이 좋을지 생각해 봅시다.

당신은 거듭나야 한다

요한복음 3:1~7

 **마음의 문을 열며**

요즘 사회적으로 자주 언급되는 단어 중의 하나가 '거듭나다'입니다. 정치가 혼란스러우면 정치가들이 거듭나야 한다고 말합니다. 교육계가 부패했다는 뉴스가 나오면 교육가들이 거듭나야 한다고 말합니다.

원래 '거듭나다'라는 말은 예수님께서 가장 먼저 사용하셨습니다. 본문에서는 세 번 이상 반복됩니다. 우리가 유의해야 할 점은 사회에서 흔히 통용되는 '거듭나다'와 예수님이 말씀하신 '거듭나다' 사이에 큰 차이가 있다는 것입니다. 사람들은 주로 '새로워져야 한다', '개혁되어야 한다' 혹은 '뜯어고쳐야 한다'는 뜻으로 이 말을 사용합니다. 그러나 예수님의 말씀은 '새로운 창조, 새로운 생명, 새로운 탄생'을 의미하고 있습니다. 그러므로 본문을 읽을 때에 거듭나야 한다는 말을 세상에서 통용되는 의미로 보아서는 안 됩니다.

말씀의 씨를 뿌리며

1   밤에 예수님을 찾은 니고데모에 대해서 아는 것을 말해 봅시다(참고/
    요한복음 7:50, 19:39).

  ○ 1절/

  _____

  _____

  _____

  _____

  _____

2   니고데모가 예수님에게 어떻게 인사했습니까? 그리고 그의 최대 관
    심사는 무엇이었습니까?(참고/ 요한복음 2:22)

  ○ 2절/

  _____

  _____

  _____

  _____

3   예수님의 눈에 비친 니고데모의 문제점은 무엇입니까?(참고/ 마태복
    음 16:15~16, 로마서 10:9)

  ○ 3절/

  _____

  _____

4 니고데모는 일종의 이적신앙을 가지고 있었습니다. 이적신앙은 반드시 거듭남과 일치한다고 볼 수 없습니다. 왜 그럴까요?(참고/요한복음 10:38, 마태복음 11:20 이하)

5 거듭남에 대해 5-7절을 읽고 그 내용을 정리해 봅시다.

6 다음 글을 읽고 물과 성령으로 거듭남에 대해 알아 봅시다.

거듭난다는 것은 '두 번 난다' 혹은 '위로부터 난다'는 의미를 갖고 있습니다. 이는 육신의 탄생을 말하는 것이 아닙니다. 영이 태어나는 것입니다. 세상에 태어날 때는 몸을 입고 나옵니다. 그러나 사람이 천국으로 들어갈 때는 반드시 영으로 출생해야 합니다. 그래서 인간은 두 번 나는 것입니다.

어린아이가 세상에 태어나기 위해서는 부모의 수고가 따라야 합니다. 마찬가지로 우리가 영으로 거듭나기 위해서는 물과 성령의 수고가 필요합니다. 다시 말해 물과 성령으로 거듭나야 합니다(요 3:5).

물은 하나님의 말씀을 가리킵니다. "그가 그 피조물 중에 우리로 한 첫 열매가 되게 하시려고 자기의 뜻을 따라 진리의 말씀으로 우리를 낳으셨느니라"(약 1:18). "너희가 거듭난 것은 썩어질 씨로 된 것이 아니요 썩지 아니할 씨로 된 것이니 살아 있고 항상 있는 하나님의 말씀으로 되었느니라"(벧전 1:23).

우리는 하나님의 말씀을 들을 때 거듭납니다. 성령이 하나님의 말씀을 우리 마음에 씨로 뿌리고 그 씨가 움트면서 새 생명이 태어나는 것입니다. 따라서 하나님이 전적으로 하시는 일입니다. 즉, 하나님이 나를 낳으시는 것입니다(요 1:12~13).

7 거듭나는 것과 믿는 것은 동시적이라 할 수 있습니다. 둘 다 하나님의 은혜라는 점에서는 같지만 다른 것이 하나 있습니다. 중생은 하나님이 하시는 일이고, 믿는 것은 내가 하는 일이라는 것입니다. 이 점에 대해 당신의 생각을 나누어 봅시다(참고/ 에베소서 2:8~9, 로마서 10:9~10).

....

....

....

....

....

....

8 당신은 거듭난 사람입니까? 무엇으로 입증할 수 있습니까?

....

....

....

....

 삶의 열매를 거두며

다음 이야기를 읽고 느끼는 바를 나누어 봅시다.

　김영길 박사는 한국이 자랑하는 세계적인 학자입니다. 그는 미국에서 유학하던 중에 부인을 따라 교회에 나갔습니다. 그러나 도대체 예수가 누구인지 알 수 없었으며, 꼭 믿어야 하는 이유도 몰랐습니다. 교회에 가서 앉아 있어도 그 문제에 대한 해답을 도저히 얻을 수 없었습니다. 창세기부터 요한계시록까지 열심히 읽기도 하고 유명하다는 기독교 서적을 산더미처럼 쌓아놓고 읽어보기도 했습니다.

　어느 날 저녁, 6시부터 11시까지 성경과 신앙 서적을 펴놓고 도대체 왜 예수님이 꼭 세상에 오셔야 했는지, 왜 꼭 예수를 믿어야 되는지를 생각하면서 글을 읽어나가다가 갑자기 마음에 깨달음이 왔습니다. '우리는 다 죄인이기 때문에 죄인을 구원하려면 죄 없는 누군가가 대신 죽어야 하고, 죄인을 대신해 죽기 위해서는 반드시 사람이 죽어야만 한다. 하지만 신이신 하나님은 죄인을 위해 대신 죽을 수 없다. 사람이 아니시니까. 그러므로 하나님께서 그의 아들 예수를 세상에 보내셔서 사람이 되게 하셨고, 예수님은 인간으로서 나를 위해 십자가에 달려 죽으신 것이다.' 이 진리를 갑자기 깨닫는 순간 그의 어두운 마음이 환하게 밝아졌습니다. 그는 벌떡 일어나 부인을 불러놓고 자기가 깨달은 것을 이야기했습니다. 그런 뒤에 두 사람은 손을 잡고 기도했습니다. 그 순간이 김영길 박사가 거듭난 시간이었습니다.

　다음날 아침에 차를 몰고 출근을 하면서 창밖을 보는데, 하늘이 달라 보였습니다. 어제 본 하늘이 아니었습니다. 모든 것이 새로웠고 이전과는 다르게 느껴졌습니다. 왜냐하면 새 생명으로 태어났기 때문입니다. 그는 부인과 손을 잡고 "믿습니다"라고 고백하는 순간 새 생명으로 태어난 것입니다.

성령으로 난 사람의 양면성

요한복음 3:8~13

 **마음의 문을 열며**

영적인 세계에 관한 진리를 이해하기란 쉽지 않습니다. 니고데모가 예수님을 만나 대화를 나누면서 마이동풍 격으로 반응한 것은 조금도 이상한 일이 아닙니다. 인간의 연약함을 아시는 예수님은 어렵고 심오한 하나님 나라의 비밀을 이야기 하실 때 주변에서 흔히 볼 수 있는 사물이나 사건에 빗대어 쉽게 말하기를 좋아 하셨습니다. 이와 같은 화법을 비유라고 합니다.

예수님께서 니고데모에게 거듭남에 대해 말씀하셨을 때 니고데모는 계속 고개를 갸우뚱거리면서 알아듣지 못했습니다. 그때 깊은 밤의 정적을 깨고 지나가는 바람 소리가 들렸습니다. 아마 문간을 심하게 흔들면서 지나갔는지도 모릅니다.

이 순간을 이용해 주님은 중생의 심오한 진리를 설명하셨습니다.

말씀의 씨를 뿌리며

1 예수님은 성령으로 난 사람이 무엇과 유사하다고 했습니까?

○ 8절/

....

....

2 바람의 두 가지 성격을 설명해 보십시오(참고/ 8절).

○ 신비성/

....

○ 사실성/

....

3 물과 성령으로 거듭나는 사건은 정말 신비롭습니다. 어떤 말로도 도무지 설명하기 어려운 데가 있습니다. 다음 글을 읽어 보십시오.

> 뒤늦은 나이에 중생을 경험한 카피라이터 이만재라는 분이 거듭나고 나서 쓴 글이 있습니다.
>
> "참 별 희한한 일도 다 있다. 참 별 희한한 일도 다 있다. 머지 않아 지천명을 바라보는 나이에 아무리 생각해보아도 별일은 별일이다. 세상에 나처럼 한평생 엉덩이 뿔을 높이 달고 휘저어 대며 오로지 술과 벗과 객기를 인생의 낙인 양 믿고 살던 사람이 어느 날 갑자기 참으로 갑자기 그 좋던 술벗들 대신에 '예수님 사랑해요 어쩌고'를 응얼거리며 이미 이 세상의 호적이 존재하지 아니하는 까닭에 일찍이 한 번도 본 일이 없는 먼 나라 목

수간 집네 털보 아들을 은근히 혼자서 속으로 짝사랑하기 시작
했으니 말이다."

4 당신이 거듭난 순간을 돌아 보십시오. 정말 이해할 수 없고 설명할 수
없는 사건이었다는 생각이 들지 않습니까?

5 거듭난 자에게는 반드시 실제적인 인격과 삶의 변화가 따라옵니다.
바람소리가 들리고 가지가 흔들리듯이 귀로, 눈으로 확인할 수 있는
실제적인 변화가 일어나는 것입니다. 이것은 숨길 수가 없습니다. 당
신은 어떻습니까?(참고/ 마태복음 5:14, 고린도후서 2:15)

6 니고데모가 여전히 깨닫지 못하자 예수님은 중생이 애매모호한 것이
아니라는 점을 강조하기 위해 무엇을 말씀하셨습니까?

○ 11~12절/

7 교회 안에서도 중생이나 믿음 같은 영적인 사실을 아주 막연한 것으로 생각하거나 잘 알지 못해도 크게 문제가 안 되는 것으로 여기는 자들이 있습니다. 이런 사람들의 문제가 무엇일까요? 그리고 그 문제를 풀 수 있는 열쇠는 무엇이라고 생각합니까?

....

....

....

8 기독교의 능력은 변화된 삶에서 나옵니다. 다음 이야기를 읽고 다시 한번 도전을 받아야 하겠습니다.

> 20세기 초 미국에 아이언사이드라고 하는 유명한 목사님이 계셨습니다. 그가 신학교를 졸업하고 샌프란시스코에서 사역을 시작할 때였습니다. 어느 주일 오후, 샌프란시스코 베이라고 하는 지역을 걸어가고 있는데 기독교 단체인 '형제단'에 속한 오륙 명이 시장 입구에서 전도 집회를 하고 있었습니다. 그는 그들에게 인사를 했습니다. 아이언사이드를 알고 있었던 그들은 그에게 전도 간증을 요청했습니다. 그래서 자기가 어떻게 예수님을 믿게 되었으며 그분을 믿고 나서 자기의 삶이 어떻게 변했는가를 이야기한 다음, 오직 예수님만이 인류의 구원자요 세상의 소망이라고 소리 높여 외쳤습니다.
>
> 집회가 끝나자 저명한 사회학자요 불가지론자인 한 신사가 아이언사이드에게 명함을 내밀면서 이렇게 말했습니다. "선생님, 주일 오후 4시에 아카데미 과학관에서 선생님과 토론할 것을 제의합니다. 제목은 '불가지론과 기독교'입니다. 어떻게 생각합니까?" 그 말을 듣고 아이언사이드는 대답했습니다. "좋습

니다. 그 도전에 응하죠. 그러나 제가 선생님에게 토론을 약속하는 대신 저도 한 가지 요청을 하겠습니다.

선생님은 그 토론장에 두 사람을 데리고 오셔야 합니다. 두 사람 중 한 사람은 남자고 또 한 사람은 여자여야 합니다. 남자는 과거에 알코올중독자였거나 형무소를 갔다 온 전과자면 더 좋겠습니다. 과거는 묻지 않겠습니다. 그리고 여자는 가정이 가난해서 어려서부터 사랑받지 못하고 살다가 사창가에 빠져 걸레 조각처럼 살았던 여자면 더 좋겠습니다. 두 사람이 선생님의 가르침을 받아 과거를 회개하고 경건한 생활을 하고 있으면 됩니다.

선생님이 이런 사람 둘을 데리고 오시면 저는 예수님을 만나자마자 변화된 사람, 과거의 처참한 생활을 벗어버리고 지금은 소망으로 새 생활을 시작한 남자와 여자를 100명 정도 데리고 오겠습니다."

그랬더니 옆에 있던 자매 한 사람이 "목사님, 저도 그 100명 중에 포함시켜주세요"라고 했습니다. 그러자 다른 형제가 "목사님, 저는 그런 사람 60명을 데리고 올게요"라고 말했습니다. 또 한 형제는 "저는 악대를 데리고 오겠습니다. 그래서 토론장에서 우리 예수님 이름을 높이며 한번 대결해봅시다"라고 끼어들었습니다. 이렇게 되자 도전장을 던졌던 그 신사는 당황한 나머지 "선생님, 없었던 일로 합시다"라고 한마디 하고는 도망치듯 사라졌습니다.

삶의 열매를 거두며

오늘의 한국 교회 위기가 어디에서 온다고 봅니까? 지금은 우리가 열심히 기도하고, 힘차게 찬송을 부른다고 해서 사람들의 시선을 끌지 못합니다. 교회가 크다고 놀라지도 않으며 잘산다고 부러워하지 않습니다. 어쩌면 우리는 매력을 잃어버렸는지 모릅니다. 그 이유가 어디에 있을까요? 함께 생각하고 기도하는 시간을 가집시다.

Lesson 9

이처럼 사랑하사

요한복음 3:14~21

 **마음의 문을 열며**

요한복음 3장 16절은 만인의 사랑을 받는 성경 구절입니다. 글도 없는 미개한 부족을 찾아간 선교사가 그들의 말을 배우고 글을 만들어서 성경을 번역할 준비가 되면 제일 먼저 번역하는 말씀이 창세기 1장이 아니라 요한복음 3장 16절이라고 합니다. 그리고 번역된 그 구절을 가르치고 외우게 한다고 합니다. 어린 자녀들을 주일학교에 보내면 놀랍게도 가장 먼저 외우는 성경 구절이 요한복음 3장 16절입니다. 그만큼 우리는 이 말씀을 애송하고 있습니다.

이 본문에는 이 세상에서 가장 기쁜 소식이 들어 있습니다. 말씀을 공부하면서 우리 모두 다시 한번 독생자를 주신 하나님 아버지의 사랑에 푹 잠겨 보는 시간이 되었으면 합니다.

말씀의 씨를 뿌리며

1 예수님은 광야에서 모세가 장대에 매달았던 구리 뱀에 자신을 빗대어 말씀하고 계십니다. 그 이유가 무엇입니까?(참고/ 민수기 21:4~9, 요한복음 12:32~33)

○ 14~15절/

2 16절 말씀은 성경 전체를 요약한 복음의 핵심이라고 할 수 있습니다. 자신의 말로 쉽게 풀어서 적어봅시다.

3 "이처럼 사랑하사"는 "너무나 사랑하셔서"란 의미입니다. 하나님은 그 사랑을 어떻게 표현하셨습니까?(참고/ 로마서 8:32)

....

....

....

4 세상을 향한 하나님의 간절한 소원이 무엇입니까?

　○ 16~17절/

....

....

....

5 다음 기사를 읽어 보십시오. 안타까워하시는 하나님과 무심하고 무지한 인간의 모습을 연상할 수 있을 것입니다.

> 1988년 겨울에 일어난 사건입니다. 남쪽 바다에 살던 고래 두 마리가 알래스카로 올라갔습니다. 알래스카에는 바다가 육지 안으로 깊이 들어간 만(灣)들이 많았습니다. 고래 두 마리는 먹이를 찾아 만으로 들어가서 고기를 배불리 먹으며 즐겁게 지내고 있었습니다. 그런데 유독 그해에는 알래스카에 겨울이 빨리 찾아와서 얕은 곳부터 물이 얼기 시작하더니 고래가 들어왔던 길목이 다 얼어버렸습니다. 뒤늦게 빠져나가려고 했지만 입구가 이미 얼어서 고래는 꼼짝없이 갇혀버리고 말았습니다. 얼마 후에는 만 전체가 얼어서 고래가 동사할 지경에 이르렀습니다.
> 　고래의 처지를 안타깝게 여긴 에스키모 몇 사람이 큰 나무 기둥을 가지고 와서 고래가 나갈 수 있도록 얼음을 깨어 길을 뚫

으려고 했지만 역부족이었습니다. 이 일이 텔레비전 기자와 연결되어 전국적으로 매스컴을 타게 되었습니다. 그러자 본격적으로 고래 구출 작전이 시작되었습니다. 11톤 트랙터를 이용해서 얼음을 깨는가 하면 헬리콥터로 5톤짜리 시멘트 덩이를 위에서 떨어뜨려 얼음을 깼습니다. 그리고 소련에서는 20톤짜리 쇄빙선을 보내 도왔습니다. 이렇게 3주 동안 온갖 어려움을 극복하면서 100킬로미터나 되는 긴 얼음길을 뚫고서야 고래들을 바다로 내보낼 수 있었습니다.

저는 이 기사를 읽으면서 고래의 입장으로 돌아가 한번 생각해보았습니다. 자기들을 살리려고 살을 에는 추위를 무릅쓰고 많은 돈을 들여 애쓰고 있다는 것을 고래들이 알고 있었을까요? 며칠만 늦으면 자기들이 얼음 속에 갇혀 죽게 될 것이라는 사실을 알고 있었을까요? 만을 빠져나가지 못하게 되자 약간의 위기감을 본능적으로 느끼기는 했겠지만 그들이 사람의 수고를 알 리는 없습니다. 마치 예수님 없이 세상을 즐기고 있는 사람들 같지 않습니까?

6 왜 사람들은 하나님의 독생자를 믿지 않습니까? 그리고 그 결과는 무엇입니까?

○ 18~19절/

7   예수 그리스도는 악한 자와 선한 자를 갈라놓습니다. 왜 그렇게 하십니까?

   ○ 20~21절/

   ....

   ....

   ....

   ....

8   전도는 사람들로 하여금 구원과 심판 가운데 하나를 스스로 선택하게
   하는 결단의 순간을 만들어 주는 행위가 됩니다. 예수를 전하는 당신
   의 위치가 어떤 사람들의 생사를 좌우하는 심각한 것임을 알고 있습
   니까?(참고/ 고린도후서 2:15~16)

   ....

   ....

   ....

   ....

 삶의 열매를 거두며

다음 글을 읽고 느낀 것을 이야기합시다.

하나님은 자기 사랑을 체험하라고 성령을 우리에게 주셨습니다. "우리에게 주신 성령으로 말미암아 하나님의 사랑이 우리 마음에 부은 바 됨이니"(롬 5:5).

하나님의 사랑이 우리의 머리가 아닌 우리의 마음에 부은 바 되었다는 말씀에 주목하기 바랍니다. 여기서 부은 바 되었다는 말은 소낙비처럼 퍼부었다는 뜻입니다. 호우가 쏟아지면 온 세상이 물바다가 되듯이 성령께서는 하나님의 사랑을 부어주셔서 우리 마음이 '사랑 바다'가 되게 하십니다. 세상에서 누구에게 사랑받고 있다는 것을 깨달을 때 느끼는 것보다 더 마력적인 놀라움은 없다고 합니다. 하물며 하나님께 사랑받고 있다는 것을 느낄 때의 놀라움은 어떻겠습니까? 그것은 마치 어깨에 하나님의 손길을 느끼는 것과 같습니다. 하나님의 손길이 내 어깨를 감싸는 것처럼 느낄 수 있는 사랑이 바로 '이처럼 사랑'입니다. 이런 사랑의 체험이 우리에게 얼마나 절실한지 모릅니다. 세상 살기가 너무도 힘들기 때문에 더 그렇습니다.

하나님의 사랑을 깊이 들이마시길 바랍니다. 바위처럼 무거운 인생의 짐도 조그마한 조약돌을 두 손에 든 것처럼 가볍게 느껴질 것입니다. 그럴 때, 우리 입에서는 찬송과 감사가 절로 나올 것입니다. 이왕 예수를 믿으려면 이 사랑이 주는 신비한 힘을 가지고 세상을 살아야 합니다. 나 같은 것을 하나님이 이처럼 사랑하셨다는 사실을 생각할 때마다 세상도 작아 보이고 문제도 작아 보이는 경지를 터득해야 합니다.

그는 흥하고 나는 쇠하고

요한복음 3:22~36

 **마음의 문을 열며**

성경에 등장하는 인물 중 세례 요한만큼 예수님께 극찬을 받은 사람은 없는 것 같습니다. 예수님을 그를 '여자가 낳은 자 중에 가장 큰 자'라고 하셨습니다(마 11:11).

세례 요한은 늙은 부모에게서 기적적으로 태어난 외동아들이었습니다. 그는 삼십 세가 되도록 여느 또래들과는 전혀 다른 환경에서 자랐습니다. 선지자로서 대중 앞에 두각을 나타낼 때까지 광야에서 생활했기 때문입니다(눅 1:80). 그는 포도주를 평생 입에 대지 않았고 결혼도 하지 않았습니다.

세례 요한은 삼십 대 초반에 벌써 이스라엘 백성이 주목하는 위대한 선지자의 위치에 올랐지만 그의 인기도 잠깐이었습니다. 그는 일 년 남짓한 짧은 기간 동안 혜성처럼 나타났다가 초라하게 사라졌습니다.

그럼에도 예수님은 세례 요한이 여자가 낳은 자 중에 가장 큰 자라고 하셨습니다. 예수님이 그렇게 말씀하신 이유가 무엇인지, 또 요한에게서 배울 점은 무엇인지 성령의 인도하심을 기대합시다.

말씀의 씨를 뿌리며

1 세례 요한의 제자들과 유대인 사이에 손 씻는 의식과 같은 결례 문제로 논쟁이 있었습니다. 논쟁을 하는 중에 유대인이 "너희 선생보다 예수가 훨씬 더 인기가 있다. 봐라. 사람들이 다 그리로 가지 않느냐"라는 말을 했던 것 같습니다. 마음이 상한 제자들이 돌아와서 요한에게 무엇이라고 말했습니까?

○ 26절/

2 사람들이 전부 예수께 몰려가는 것을 보고, 가장 민감한 반응을 보인 자들은 세례 요한을 존경하고 따랐던 제자들이었습니다. 자기 선생에 대한 존경과 사랑이 컸기 때문에 예수님에 대한 감정이 좋지 않았을 것입니다. 자기 선생이 하루아침에 사람들의 관심 밖으로 밀려나는 것을 보고 견딜 수 없었을 것입니다. 만약 당신이 비슷한 처지에 있다면 어떻게 하겠습니까?

3 지도자의 입장에서 견디기 어려운 일 가운데 하나는 제자들이 자기 경쟁자를 질투하는 것을 보는 일일 것입니다. 이럴 때 지도자가 어떤 태도를 취하느냐는 매우 중요합니다. 그 지도자의 됨됨이를 볼 수 있는 잣대가 되기 때문입니다. 세례 요한이 한 첫 마디는 무엇입니까? 그리고 그 말 속에 담겨 있는 요한의 생각을 읽어 봅시다.

4 다음 글을 읽고 깨달은 것을 나누어 봅시다.

당시 세례 요한은 마음을 조금만 잘못 먹으면 자신을 메시아로 착각하거나 주장할 수 있는 처지에 있었습니다. 그를 향해 메시아가 아니냐고 떠보는 바리새인들도 더러 있었고, 그를 메시아라고 믿는 자들도 적지 않았습니다. 분위기가 이렇게 돌아가자 위기감을 느낀 그는 새삼 목소리를 높여 자기가 메시아가 아니라는 말을 자주 하기 시작했습니다. 그리고 사람들이 예수님만 주목하게 하고자 혼신의 힘을 다했습니다. 누가 어떤 말로 흔들어도 하나님이 서 있으라고 명령하신 그 자리에서 한 치도 움직이지 않았습니다. 그 자리가 낮으냐 높으냐, 인기가 있느냐 없느냐는 그에게 일고의 가치도 없는 문제였습니다.

경력만 놓고 보면 세례 요한은 예수님보다 앞섰습니다. 예수님은 삼십 세가 되도록 먼지를 뒤집어쓰며 대패질을 하던 목수였지만, 그는 이십 년이 넘도록 광야에서 거룩한 수도 생활을 했습니다. 그런 점에서 그는 사람들에게 훨씬 더 매력을 줄 수 있는 처지에 있었습니다. 하지만 하나님으로부터 받은 것 외에는 욕심을 부리지 않았습니다. 사람들로부터 잊혀질지라도, 자신의 모습이 작아 보인다 할지라도, 제자들이 자기 곁을 떠날지라도 그는 섭섭해하거나 원망하지 않았습니다.

5 자신의 분수를 지키는 일이 얼마나 어려운지, 힘을 가진 자리에서 본 사람이면 다 인정하는 것입니다. 그리고 이것은 우리가 잘못되지 않기 위해 반드시 명심해야 할 덕목입니다. 로마서 12장 3절을 묵상하고 적용해 봅시다.

------

6 29-30절의 말씀을 쉽게 풀어 보십시오. 무엇을 느끼고, 무엇을 배울 수 있습니까?

------

7 요한처럼 예수님을 진정으로 기뻐하는 사람이 하나님께서 보시기에 큰 자입니다. 당신은 이 기쁨을 얼마나 알고 있습니까? 다음 이야기를 읽으면서 생각해 봅시다.

> 케임브리지 대학교 교수였던 C. S. 루이스가 쓴 《천국과 지옥의 이혼》을 보면 이런 우화가 있습니다. 천국 문에 문지기가 서 있었습니다. 사람들이 천국에 들어가려고 몰려왔습니다. 그때 이 문지기가 한 사람씩 붙들고 이렇게 물었습니다. "당신은 예수님을 알고 나서 그 예수님 때문에 참을 수 없는 기쁨을 가지고 사셨나요? 그 기쁨을 가지고 이 자리에 오셨습니까?"

------

8 31-36절의 내용을 주목하십시오. 요한이 왜 자신을 예수님과 견줄 수 없는가를 분명하게 밝히고 있지 않습니까?

....

....

....

....

 **삶의 열매를 거두며**

교회 안에는 분명 두 부류의 신앙인이 있습니다. 한 부류는 예수님의 이름을 빌려 자기가 흥해야 되겠다는 생각을 가진 사람들입니다. 그들이 신앙생활을 하는 목적은 주님의 이름으로 복도 받고 소원 성취도 해서 편하게 사는 것입니다. 또 다른 부류가 있는데, 요한처럼 예수님을 위하여 자기가 쇠하기를 소원하는 사람들입니다. 당신은 어디에 속한 사람입니까?

Lesson 11

수가 성 여인을 찾으신 예수님

요한복음 4:1~15

 **마음의 문을 열며**

예수님과 세례 요한은 그다지 멀지 않은 요단강 가에서 세례를 함께 주었습니다. 이렇게 비슷한 사역을 하니까 바리새인들은 이 두 사람을 어떻게든지 헐뜯어 사람들이 멀리하게 만들고자 많은 궁리를 했던 것 같습니다. 그래서 예수에게 가는 사람이 요한에게 가는 사람보다 더 많다더라, 예수가 요한보다 훨씬 더 능력이 있다더라 하면서 둘 사이를 이간질하려 했습니다(4:1). 예수님은 그들의 음흉한 계교를 아셨습니다. 그래서 주님은 그 자리를 피하기로 작정하셨습니다. 요한에게 장애가 되지 않기 위해 한 걸음 뒤로 물러가 북쪽 갈릴리 지방에서 사역을 하기로 하셨습니다.

당시 예루살렘에서 북쪽 갈릴리 지방으로 가는 길은 세 가지였는데, 그 중에서 가장 빨리 갈 수 있는 길은 사마리아를 통과해야 했습니다. 우리가 공부하게 된 본문은 예수님이 사마리아를 통과하시면서 직접 하신 일을 기록하고 있습니다.

 **말씀의 씨를 뿌리며**

1 3~4절을 보면 예수님이 사마리아를 통과하시려고 한 것은 단지 길이 가까워서가 아님을 알 수 있습니다. "하겠는지라"는 꼭 해야겠다는 강한 의지를 담고 있는 말씀입니다. 어떤 일이 있어도 반드시 통과해야 되겠다는 말씀입니다. 왜 주님은 그런 결심을 하셨을까요? 요한복음 4장 34절과 비교하면서 그 이유를 생각해 봅시다.

------

2 우리가 여기서 관심을 가지고 주목해야 할 사실은 하나님의 아들이 수가성의 무명의 여인을 만나기 위해서 전날 오후에 예루살렘을 떠 그 다음날 정오까지 비지땀을 흘리며 그 뜨거운 사막 길을 걸어 오셨다는 것입니다. 그 여인이 열두 시쯤 되면 물 길러 나온다는 것을 미리 아시고 그 시간에 맞추기 위해 지체하지 않고 오신 것입니다. 얼마나 놀라운 일입니까? 당신은 무엇을 느낍니까?

○ 5~7절/

------

3 예수님이 만난 여인에 대해 다음의 내용을 읽고 그녀의 형편을 그려 봅시다.

물을 길러 나온 이 여인에게는 예수님께서 지적하신 것처럼 결혼을 다섯 번이나 한 부끄러운 과거가 있었습니다. 이제는 결혼식도 올리지 못한 채 어느 건달과 동거 생활을 하던 중이었습니다. 아마 나이는 삼십 대 중반쯤이나 이보다 조금 많지 않았나 추측됩니다. 당시 여인들은 남편을 여의면 재혼까지는 할 수 있었습니다. 하지만 삼혼은 특수한 경우가 아니면 상상할 수 없는 일이었습니다.

이런 점으로 미루어 이 여자는 틀림없이 창녀나 다름없는 최하층 인생을 살고 있던 것이 분명합니다. 자연히 동네 사람들은 그를 따돌렸을 것입니다. 많아야 몇십 가구인 손바닥만 한 동네에서 여인이 받은 수모는 상상을 뛰어넘을 만큼 심했을지도 모릅니다. 누구 하나 찾아갈 사람도 없고 찾아오는 사람도 없어 창살 없는 감옥 생활을 했을 것이 틀림없습니다. 이런 상황에서 그는 사람을 만나기가 두려워 집 밖으로 나오는 것조차 꺼렸을지도 모릅니다. 그래서 물 길러 다니기에 좋은 시간인 아침저녁은 가급적이면 피하고, 사람이 잘 다니지 않는 뜨거운 대낮을 택해 얼굴을 푹 숙인 채로 먼 길을 걸어서 도둑질하듯 물을 길어 왔을 것입니다.

심리학자들은 한 사람이 정상적인 정서를 유지하려면 맘 놓고 이야기를 주고받을 수 있는 사람이 최소한 여섯 명은 되어야 한다고 이야기합니다. 이 여인에게 이런 여섯 명이 있을 리 만무합니다. 그래서 정서지수(EQ)가 형편없이 낮았을 것입니다. 이렇게 되면 대인 관계도 원활할 리 없습니다.

4 예수님이 항상 세리나 창녀들만 찾아 다니신 것은 아닙니다. 니고데
모와 같은 유명한 사람도 만나 주셨습니다. 그러나 우리가 꼭 잊지 말
아야 할 것은 예수님이 항상 마음에 두고 있는 사람들이 있었다는 사
실입니다. 그들은 누구입니까?

○ 이사야 61:1, 2/

5 예수님이 여인에게 무엇을 주시겠다고 약속하셨습니까?

○ 10절/

○ 13~14절/

6 이 생수는 예수님이 주시는 구원 혹은 영생을 가리키는 비유입니다.
어떤 점에서 생수와 구원이 통한다고 생각합니까?(참고/요한복음
6:35, 요한계시록 7:16~17)

7 예수님의 말씀을 듣자마자 여인이 매달리면서 무엇이라고 했습니까?

  ○ 15절/

....

....

....

8 예수님은 여인의 심령에 있는 타는 듯한 갈증을 보셨습니다. 우리도
세상 사람들을 볼 때 그들의 갈증을 직시할 수 있는 영의 눈을 가지고
있어야 합니다. 그래야 그들을 불쌍히 여기고 전도할 수 있기 때문입
니다. 당신은 이런 영의 눈을 가지고 있습니까?

....

....

....

....

 **삶의 열매를 거두며**

당신은 사람들을 향해 예수님이 생수가 되신다고 자신 있게 전할 수 있습니까?
그렇게 말하려고 하면 자신이 먼저 생수를 마시고 해갈이 된 체험을 가지고 있어
야 합니다. 당신은 어떻습니까?(참고/ 로마서 5:1~2)

Lesson 12

하나님이 찾으시는 예배자

요한복음 4:16~26

 **마음의 문을 열며**

예수님은 사마리아 수가라는 마을에 잠깐 들러 한 여인을 만나셨습니다. 예수님은 여인과 두 가지 주제로 대화를 나누셨습니다. 영생과 예배였습니다. 영생은 예수님이 끌어내신 주제였고 예배는 여인이 제시한 주제였습니다.

예수님께서는 생수에 관해 말씀을 마친 다음, 여인에게 다섯 남자가 있었고 지금 함께 있는 남자는 남편이 아니라고 하셨습니다. 낯선 남자 앞에서 발가벗은 신세가 된 여인은 그 순간을 모면하고자 예배 문제로 화제를 돌렸습니다.

밑바닥 인생을 살던 여인은 자신의 죄와 고통을 들고 가서 하소연할 수 있는 진지한 예배의 대상이 누구인지가 큰 관심사였을 것입니다. 누구나 세상에서 버림받고 기댈 언덕을 찾지 못하면 하나님의 품을 그리워하게 됩니다. 사람들이 손가락질하는 창녀의 예배를 받으실 하나님이 어디 계십니까? 마음의 상처를 싸매주시는 하나님은 어디 계실까요? 이 해답을 찾고 싶어 하는 자들이 세상에는 참 많습니다.

 **말씀의 씨를 뿌리며**

1 생수를 달라고 간청하는 여인에게 예수님은 무엇을 요구하셨습니까?

○ 16절/

2 왜 생수하고는 아무 상관이 없어 보이는 이런 요구를 하셨을까요?
두 가지 면에서 생각해 보십시오.

○ 구원이 절실한 죄인이라는 자각을 일으킴/

○ 예수님이 전지하신 하나님 되심을 보여 줌/

3 여인은 자신의 부끄러운 과거가 드러나는 위기를 피하려고 빨리 화두
를 바꾸어 종교 문제를 들고 나왔습니다. 그것이 무엇입니까?

○ 20절/

4 다음 글을 읽고 이 여인이 왜 예배 문제로 갈등하고 있었는가를 살펴
봅시다.

> 여인은 유대인과 사마리아인이 종교의 정통성 문제 때문에 수
> 백 년 동안 반목해왔다는 사실을 귀가 아프도록 들었습니다. 유
> 대 사람들은 예루살렘에 계시는 하나님이 참된 신이기 때문에
> 예루살렘에서 드리는 예배만 하나님께서 진정으로 받으시고,
> 사마리아인들이 찾는 하나님은 거짓 신이기 때문에 사마리아에
> 서 드리는 예배는 거짓 예배라고 말했습니다. 그러나 사마리아
> 사람들은 예루살렘의 하나님은 거짓 신이며 자신들이 섬기는
> 하나님이야말로 진짜 하나님이기에, 예배는 사마리아의 그리심
> 산에서 드려야 한다고 주장했습니다. 서로 한 발자국도 양보하
> 지 않고 대립해왔던 것입니다.
>
> 여인은 누구의 말이 옳은지 몰라 마음속으로 갈등했습니다.
> 다시 말하면 여인은 일종의 종교적 의문과 갈등을 가지고 있었
> 습니다. 예수님은 이 여인을 다루시면서 그의 마음에 있는 종교
> 적 갈등과 문제를 풀어주십니다. 왜냐하면 이런 문제들에 사로
> 잡힌 심령에서는 생수가 솟지 않기 때문입니다. 날마다 의심과
> 갈등으로 마음의 병이 깊어지는데 그 마음이 치유될 것으로 기
> 대할 수는 없는 일입니다.

5 하나님은 어떤 예배자를 찾고 계십니까?

　○ 23~24절/
....

....

....

....

6 신령한 예배는 어떤 장소에도 구애받지 않습니다. 21절을 읽고 설명
　　하십시오(참고/ 사도행전 7:48~50).

....

....

....

....

....

7 신령한 예배라고 해서 아무 데서나 제멋대로 드려서는 안 됩니다. 다
　　음 글을 읽고 당신이 주일 예배를 위해 얼마나 마음을 쏟고 있는지 말
　　하십시오.

> 미국의 제26대 대통령인 시어도어 루스벨트의 말을 들어봅시다.
> "여러분, 하나님은 영이시기 때문에 어느 장소에서나 하나
> 님을 예배할 수 있고 어떤 시간에도 하나님을 예배할 수 있습니
> 다. 그러나 그것은 한 가지 조건이 충족되어야 합니다. 당신이

어느 장소에서나 하나님을 예배하는 자가 되고 싶다면 먼저 특정한 시간인 주일날, 특정한 장소인 교회에서 예배 드리는 사람이 되어야 합니다."

8 진정한 예배는 진리를 바로 알고 드리는 것입니다. 22절을 읽고 이 사실을 정리해 봅시다(참고/ 로마서 3:1~2, 9:4~5).

9 이 여인은 예배에 관한 모든 숙제를 메시아가 오시면 풀어줄 수 있다고 믿고 있었습니다. 예수님을 만난 여인은 자기 믿음대로 응답받은 것을 봅니다. 왜 그렇습니까?

○ 25~26절/

삶의 열매를 거두며

무식하면 바른 예배를 드릴 수가 없습니다. 당신이 참 예배자가 되기 위해 꼭 알아야 할 것들은 어떤 것입니까?

생수를 마신 여인

요한복음 4:27~42

 **마음의 문을 열며**

지금 우리 앞에 정신이 나간 것처럼 보이는 한 여인이 있습니다. 여인은 물 길러 우물가로 왔다가 물동이를 던져버리고 동네로 달려갔습니다. 그러고는 만나는 사람마다 붙잡고 흥분해서 소리쳤습니다. 그렇다고 그가 횡재를 한 것은 아닙니다. 손에 돈뭉치가 들린 것도 아니고, 신분이 갑자기 높아진 것도 아닙니다. 그럼에도 그의 얼굴은 기쁨으로 충만했고 목소리는 떨렸습니다. 무엇이 여인을 이렇게 만들었을까요?

말씀의 씨를 뿌리며

1 수가성의 여인은 복음서에서 성령으로 거듭나는 사람이 어떻게 변화되는가를 보여 주는 최초의 사례라고 할 수 있습니다. 우리는 이 여인을 보면서 구원받은 사람의 참 모습을 알 수 있습니다. 몇 가지 특징을 찾아봅시다.

○ 28~30절/

2 여인에게서 발견할 수 있는 중생의 큰 특징 가운데 당신에게서 아직 나타나지 않고 있는 것이 있다면 무엇입니까?

3 예수님을 만나면 구원도 받지만 마음의 병도 치유됩니다. 다음 글을 읽고 왜 그런지 설명해 봅시다.

> 인간에게는 두 가지 병이 있습니다. 하나는 육신의 병이요, 또 하나는 마음의 병입니다. 마음의 병에는 현대 심리학이 말하는 여러 가지 정서적 장애는 물론 생각이 잘못되고 가치관이 뒤집

혀서 선한 것과 악한 것을 분별하지 못한 채로 행동하는 것까지 다 포함됩니다. 수가성 여인은 예수님이 우리 마음에 들어오셔서 영생하도록 솟는 생수가 되시면 이와 같은 마음의 병이 고침을 받는다는 것을 우리에게 이야기하는 것입니다. 마음의 병이 치유되는 것을 일컬어 '인격 변화'라고도 합니다.

거듭난 사람은 구원을 받습니다. 동시에 거듭난 사람은 마음의 병까지 치유됩니다. 마음이 건강해지면 모든 면에서 변화가 일어납니다. 정서적인 혼란에서 해방되고, 억눌렸던 감정에서 자유로워지며, 비뚤어진 성격이 교정됩니다. 마음이 건강해지면 지금까지 몸담았던 더럽고 냄새나는 생활을 떨치고 일어날 수 있으며, 상처받은 내면세계가 아물기 시작하고 왜곡되었던 대인 관계가 바로 펴집니다. 우리의 심령에 생수 되신 예수님이 계시면 이런 치유와 변화가 뒤따라옵니다.

4 언젠가 서울의 한 정신병동에 입원하고 있는 사람 중의 70퍼센트가 기독교 교인이라는 말을 들은 적이 있습니다. 예수를 믿는 것 같은데, 마음의 병은 더 심해져서 건강의 균형이 깨어지는 정말 이해할 수 없는 일이 우리 가운데 일어나고 있습니다. 이런 현상을 어떻게 보아야 합니까?

5 한 영혼을 구원하는 것이 얼마나 예수님을 흥분시키는 일인지 31-34 절을 읽고 이야기해 보십시오.

....

....

....

....

6 예수님의 눈에 세상은 어떻게 비치고 있습니까? 왜 그렇습니까?

○ 35절/

....

....

7 전도의 열매, 구원의 기쁨은 어느 개인이나 소수의 사람들이 독점하는 것이 아닙니다. 그 일에 동참한 모든 사람들이 함께 누리는 축복입니다. 그 이유를 36~38절을 읽고 설명하십시오.

....

....

....

....

....

8 당신은 이 축복에 동참하고 있습니까? 뿌리는 자입니까? 혹은 거두는 자입니까?

....

....

9 한 여인이 구원받고 변화되자 수가성에 부흥이 일어났습니다. 그 이
   야기를 함께 나누어 보십시오.

   ○ 28~30절/

   ....

   ....

   ....

   ....

   ....

   ....

 **삶의 열매를 거두며**

우리나라에도 이런 부흥이 일어나도록, 우리를 수가성 여인처럼 사용해달라고 기
도합시다.

Lesson **14**

왕의 신하의 아들을 고치심

요한복음 4:43~54

 **마음의 문을 열며**

유대 지방에서 갈릴리로 돌아오신 예수님께서 두 번째로 행하신 이적은 다 죽어 가던 왕의 신하의 아들을 살리신 일입니다.

이 말씀을 통해 우리가 배워야 할 중요한 진리가 있습니다. 성령께서 깨우쳐 주시도록 기도하면서 말씀 앞에 앉도록 합시다.

1 예수님은 고향인 갈릴리로 가시면서 제자들에게 미리 알려주고 싶은 일이 있었습니다. 그것이 무엇입니까? 그리고 왜 미리 이런 말씀을 하셨다고 생각합니까?(참고/ 마태복음 13:57)

○ 43~44절/

2 그러나 막상 갈릴리로 돌아오시자 사람들의 반응은 퍽 호의적이었습니다. 왜 그랬습니까?

○ 45절/

3 인기란 흔히 물거품과 같다고 합니다. 예수님은 일생을 통해 사람들의 인기에 영합하신 일이 한 번도 없었습니다. 우리 주변에서 잠깐 동안의 인기에 목숨을 걸다가 불행해지는 사람들을 본 적이 있습니까? 당신은 어떤 생각을 했습니까?

4 왕의 신하가 아들이 위독해지자 예수님을 찾아 고쳐 주시기를 간청했습니다. 이때 예수님이 무슨 말씀을 하셨습니까?

○ 48절/

_____

_____

_____

5 예수님께서 믿지 않는다고 나무라신 사람이 신하인지 주변에 있는 자들인지 분명하지 않습니다. 그러나 그때나 지금이나 많은 사람들은 이적을 보면 쉽게 믿을 수가 있다는 생각을 마음에 깔고 있는 것이 사실입니다. 이적이나 표적을 보든지 자신이 직접 체험하면 믿는 데 어떤 도움이 된다고 생각합니까?(참고/ 요한복음 6:30, 9:32~33)

_____

_____

_____

_____

_____

_____

6 예수님은 어떻게 신하의 아들을 고쳐 주셨습니까?

○ 50~53절/

_____

_____

_____

_____

_____

7 우리는 왕의 신하에게서 놀라운 믿음을 보게 됩니다. 그것은 무엇입니까?(참고/ 누가복음 17:11-14)

○ 50절/

_____

_____

_____

_____

_____

_____

8 왕의 신하의 처지에서 상상해 봅시다. 힘들게 왔던 먼 길을 예수님의 말씀 한 마디를 듣고 다시 돌아가는 것은 결코 쉬운 일이 아니었을 것입니다. 우리의 입장에서 말씀을 믿고 돌아가는 것은 어떤 경우가 될까요?

_____

_____

_____

_____

 **삶의 열매를 거두며**

한 주간 동안 생활하면서 당신이 꼭 붙들고 싶은 주님의 말씀이 있습니까? 그리고 그 말씀대로 좋은 일이 반드시 일어날 것이라는 확신이 있습니까?

Lesson *15*

일어나 걸어가라

요한복음 5:1~15

 마음의 문을 열며

요한복음을 보면 예수님께서 큰 명절이 있을 때마다 예루살렘에 올라가셨다고 기록되어 있습니다. 본문에서도 명절을 맞아 예수님께서 예루살렘으로 올라가셨다고 했습니다. 이 명절은 오순절로 추측됩니다.

예루살렘에 가신 예수님은 일부러 사람들이 잘 가지 않는 베데스다로 발길을 옮기셨습니다. 이 연못은 성전에서 그다지 멀지 않은 곳에 있었고, 근처에는 성전에서 제사를 지낼 때 쓸 양들을 몰고 들어가는 문이 있었습니다. 연못에서 얼마 떨어지지 않은 곳에 시장이 있었는데, 그곳은 성전에서 제사를 드릴 양이나 소를 사려는 사람들로 늘 붐볐습니다.

이 베데스다를 예수님이 왜 찾으셨는지 본문에서 볼 수 있습니다. 그 예수님이 우리도 만나주시도록 기도합시다.

1 베데스다 못 주변은 인생 비극의 전시장과 같았습니다. 1~4절을 읽으십시오. 어떤 느낌이 듭니까? 당신이 알고 있는 현대판 베데스다 못이 있으면 말해 봅시다.

....

....

....

....

2 베데스다 못은 건강한 사람들은 잘 가지 않는 곳입니다. 그러나 예수님은 일부러 시간을 내어 혼자서 그곳으로 가셨습니다. 누구를 만나기 위해서였습니까? 그리고 그를 만나서 어떻게 하셨습니까?

○ 5~9절/
....

....

....

....

....

....

3 베데스다 못에 가까이 와 있던 이 병자는 자기 병을 고칠 사람이 아무도 없다는 것을 알았을 때 이미 죽음을 맛보았습니다. 이것은 오랜 역경에서 헤어나지 못하고 허우적거리는 우리 자신의 모습일 수 있습니다. 그러나 우리가 답답해 하고 있는 그 자리에 주님이 와 계신다는

사실을 믿어야 합니다. 이사야 41장 9~10절을 암송하면서 이 믿음을 새롭게 합시다.

---

4 다음 글을 읽고 깨달은 것을 서로 나눕시다.

완전히 좌절한 사람에게는 하나님의 능력도 별 도움이 되지 못할 수 있습니다. 실낱 같은 희망이라도 가지고 있는 사람에게 그 능력이 역사하기 때문입니다.

38년 된 병자가 "네가 낫고자 하느냐"는 주님의 질문에 "저 물이 동할 때 뛰어가고 싶지만 아무도 나를 도와주지 않아 못 들어가고 있습니다"라고 대답하는 것을 보아 그가 아직도 가냘픈 기대를 가지고 있음을 알 수 있습니다. 그에게서 포기하지 않는 의지가 엿보였습니다. 주님은 이 작은 기대감을 발견하시자마자 일어나 걸으라고 명령하셨습니다. 이를 통해 사람이 힘든 고비를 만났을 때 끝까지 포기하지 않고 희망을 갖는 것이 얼마나 중요한가를 배울 수 있습니다.

예수님을 안 믿는 사람들 중에도 절망스러운 처지에서 절대로 좌절하지 않고 승리를 거둔 이들이 종종 있습니다. 미테랑은 1981년에 프랑스 대통령으로 당선되고 나서 뼛속까지 암이 퍼져 있다는 진단을 받았습니다. 대통령에 당선된 사람이 암 환자라는 소문이 나면 국가적으로 큰 어려움을 당할 것은 자명한 일이었습니다. 그래서 입을 막았습니다. 그러고는 보통 사람이 상상할 수도 없는 정신력으로 병과 싸웠습니다. 그 결과 재선까지

합해 14년 동안 대통령으로서 거뜬하게 임무를 수행한 뒤 명예
롭게 퇴임했습니다.

　믿지 않는 자도 이렇다면 예수님을 믿는 우리가 쉽게 절망해
서야 되겠습니까? 당신의 형편이 어떠하든지 절대 좌절하지 마
십시오. 믿음을 잃지 마십시오. 포기하지 마십시오. 주님은 그
런 사람을 원하십니다.

5　예수님이 병자를 고치신 날이 안식일이었습니다. 이것이 나중에 문
　제가 되었습니다. 우리 생각에는 병 나은 사람을 보고 축하하고 기뻐
　할 것 같은데 사람들은 그렇지 않았습니다. 생명보다 법을 앞세우고
　사람보다 규칙을 앞세우는 사람들의 비정함을 다시 한번 보게 됩니
　다. 9~13절에 나타난 당시의 분위기를 상상해보십시오(참고/마가복음
　3:1~6).

6 당신은 사랑보다 법을 앞세워 형제를 비판하거나 헐뜯는 비정한 사람이 된 경험이 있습니까?

....

....

....

7 얼마 후 예수님이 그 병자를 성전에서 만나게 되었을 때 놀라운 말씀을 하셨습니다. 무슨 말씀을 하셨습니까?

○ 14절

....

....

....

8 이 남자는 38년 전에 어떤 죄를 짓고 병이 들었던 모양입니다. 예수님은 그에게 언제 무슨 죄를 지었느냐고 캐묻지는 않으셨습니다. 그러나 주님은 다 알고 계셨습니다. 주님은 이 남자가 건강을 회복하면 옛날의 죄를 다시 지을 가능성이 있다는 것을 아셨습니다. 왜 이런 일이 생길 수 있다고 생각합니까?(참고/디모데전서 1:18~20, 디모데후서 4:10)

....

....

....

....

....

 **삶의 열매를 거두며**

처음 받은 은혜를 망각하고 옛날의 잘못을 반복하다 더 심한 고통을 당한 경험이
있습니까? 그때 어떻게 했습니까?

Lesson 16

하나님의 아들과 심판

요한복음 5:16~30

마음의 문을 열며

예수님이 베데스다 못을 찾아가 38년 된 병자를 고쳐주신 날은 안식일이었습니다. 당시 유대인들은 안식일에 해서는 안 될 백여 가지 행위를 법으로 정해놓았습니다. 그중에는 병을 고치는 것도 들어 있었습니다. 병자가 누워 있던 자리를 들고 가는 것도 허용되지 않았습니다. 이런 형편인지라 안식일에 병을 고쳤다는 이유로 예수님은 핍박을 받으셨고(16절), 병이 나은 환자는 누웠던 자리를 들고 갔다고 해서 책망을 들어야 했습니다(요 5:10).

그럼에도 불구하고 왜 그를 고쳐 주셨을까요? 예수님은 항상 분명한 목적을 가지고 이적을 행하셨습니다. 베데스다 못에서 행하신 이적도 예외가 아니었습니다. 이 시간 말씀을 통해서 그 목적을 배우게 될 것입니다.

1 자신을 핍박하는 유대인들을 향해 예수님은 무엇이라고 대답하셨습니까?

  ○ 17~18절/

2 예수님의 대답은 대단히 민감한 두 가지 문제를 야기시켰습니다. 그리고 그것은 예수님을 죽음으로 몰고 가는 직접적인 원인이 되었습니다. 그 두 가지가 무엇입니까?

3 예수님은 자기가 하나님의 아들이심을 무엇으로 증명하고 계십니까?

  ○ 19~20절/

4 예수님이 아들로서 하시는 아버지 하나님의 일은 두 마디로 요약할 수 있습니다. 21~30절을 주의해서 보십시오. 그리고 영생과 심판에 해당하는 내용들을 모두 적어보십시오.

5 24절은 예수 믿는 우리가 심판 대신 영생을 선물로 받았음을 확신하게 하는 중요한 말씀입니다. 왜 이 구절이 구원의 확신의 근거가 됩니까?

6 당신은 구원의 확신을 가지고 있습니까? 만일 가지고 있지 못하다면 그 원인이 무엇이라고 생각합니까?(참고/고린도후서 13:5)

7 28~29절을 보십시오. 주님이 재림하실 때에는 선한 자나 악한 자, 다시 말해 믿는 자나 안 믿는 자가 다 똑같이 어떻게 된다고 말씀합니까?

....

....

....

....

8 다음 이야기를 읽고 느낀 점을 말해봅시다.

> 빅터 프랭클의 이야기를 읽은 일이 있습니다. 정신과 의사이자 유대인이었던 그는 제2차 세계대전 때 독일군에게 체포되어 악명 높은 아우슈비츠수용소로 끌려갔습니다. 며칠을 짐짝 취급을 받으며 열차를 타고 수용소에 도착하자 독일군 장교 한 명이 오른쪽 팔꿈치를 왼쪽 손바닥으로 괴고 서 있었습니다. 그는 한 사람씩 내릴 때마다 손가락으로 오른쪽 왼쪽을 가리켰습니다. 그 손가락의 방향에 따라 기차에서 내린 사람들은 오른쪽으로 가고 왼쪽으로 가야 했습니다. 나중에 알고 보니 오른쪽으로 간 사람들은 당일 가스실에서 죽었고 왼쪽으로 간 사람들은 살아남았습니다. 비록 살아남은 자들도 제2차 세계대전이 끝날 무렵에는 약 10퍼센트만이 밝은 세상을 볼 수 있었지만, 어쨌든 장교가 내민 손가락의 향방이 사람의 운명을 좌우한 것입니다.
>
> 프랭클은 이런 말을 했습니다. "이쪽 혹은 저쪽을 가리키는 손가락의 단순한 동작에 의해 개인의 운명이 결정된다면 정말 불공평하고 어처구니없는 일이 아닐 수 없다. 그러나 그것이 바로 우리의 현실이었다. 누군지 모르는 낯선 사람의 손가락에 의

해 우리의 운명이 결정되었던 것이다." 얼마나 숨 막히는 순간입니까?

마지막 날 예수님이 재림하시는 그때에 비슷한 장면이 우리 눈앞에 펼쳐집니다. 물론 심판석에 앉으신 그분은 낯선 분이 아닙니다. 예수님이기 때문입니다. 그는 자기 마음대로 오른쪽 왼쪽을 가리키는 일을 하시는 분이 아닙니다. 세상에 살면서 사람들이 스스로 결정한 운명대로 오른쪽 왼쪽을 가리키실 뿐입니다. 예수님을 하나님의 아들로 믿었으면 오른쪽으로, 믿지 않았으면 왼쪽으로 가라고 지시할 것입니다. 아무도 그것을 놓고 불공평하다고 말할 사람이 없습니다. 믿어도 내가 믿은 것이고 안 믿어도 내가 안 믿은 것입니다. 영생을 얻은 것도 내가 믿어 얻은 것이요, 영생을 거부한 것도 내가 안 믿어 거부한 것입니다.

 **삶의 열매를 거두며**

이 시간 말씀을 공부하면서 마음에 떠오르는 얼굴이 있습니까? 그대로 내버려 둘 수 없는 영혼의 얼굴 말입니다. 어떻게 하시겠습니까?

Lesson 17

성경은 예수를 증거한다

요한복음 5:31~47

 **마음의 문을 열며**

세상에서는 종종 말로는 해결할 수 없는 상황을 겪습니다. 객관적인 증거를 보이기 전에는 통하지 않습니다. 예수님도 비슷한 일을 당하셨습니다. 본문이 그 이야기를 하고 있습니다. 유대인들은 예수님이 안식일에 병 고치신 것을 보고 규율을 어겼다며 비판했습니다. 특히 예수님이 자기가 하나님의 아들이며, 하나님은 자기 아버지라고 하시자 그 말씀을 믿으려 하지 않았습니다. 도리어 증거를 내놓으라고 요구했습니다.

예수님께서도 자신이 하나님의 아들이라는 주장을 하기 위해서는 객관적인 증거가 필요하다는 것을 간접적으로 인정하셨습니다. 그리고 본문에서 세 가지 명확한 증거로 자신이 하나님의 아들 되심을 입증하셨습니다.

1 예수님이 하나님 되심을 공개적으로 증거한 선지자는 누구입니까?
그리고 그의 증거가 등불과 같다고 하신 이유가 무엇입니까?

○ 33~35절/

_____

_____

_____

_____

2 예수님은 요한의 증거보다 더 큰 증거가 있다고 합니다. 그것은 무엇
입니까?(참고/ 요한복음 10:37-38)

○ 36절/

_____

_____

_____

_____

3 요한은 예수님이 하나님의 아들이기 때문에 행하실 수 있었던 이적들
을 골라서 기록해 두었습니다. 요한복음에 나오는 이적 기사를 아는
대로 말해 봅시다. 그리고 당신이 예수님의 하나님 되심을 그의 이적
기사를 보고서 더 확실하게 믿을 수 있었는지 말해 봅시다.

4　예수님이 내놓으신 마지막 증거는 무엇입니까?

  ○ 39절/

5　다음 글을 읽고 내용을 정리해 봅시다.

하나님은 예수님이 자기의 아들임을 입증하는 마지막 증거로 구약성경을 제시하셨습니다. 그러나 성경에 대한 전문 지식이 없는 우리가 창세기에서 말라기까지 읽어도 예수라는 이름을 발견할 수는 없을 것입니다. 하나님께서 예수님이 자기 아들이라고 증언하시는 말씀을 찾는 일은 결코 쉽지 않습니다.

그러나 사복음서를 통해 예수님께서 구약성경을 가지고 자기가 하나님의 아들인 것을 어떻게 입증하시는가를 살펴보면 구약성경이 예수님에 대해 증언하고 있음을 어렵지 않게 발견할 수 있습니다. 요한복음은 12장까지의 전반부와 13장 이하의 후반부로 나눌 수 있는데, 전반부에서는 예수님이 하나님의 아들이심을 증언하는 이적 기사를 다룹니다. 이 이적 기사들을 설명하면서 '기록되었으되'라는 말을 아홉 번 정도 사용하고 있습니다. 어디에 기록되었다는 것입니까? 구약성경입니다.

복음서에서 반복하여 등장하는 어구 중 하나가 "이루려 하심"입니다. 요한복음 후반부는 예수님이 십자가에 못 박히시는 수난을 기록하고 있는데 그 사건들이 모두 구약에 기록된 예언의 말씀이 성취되는 것임을 강조하고 있습니다. 예를 들어 가룟 유다가 예수님을 배반한 사건은 "내가 신뢰하여 내 떡을 나눠 먹던 나의 가까운 친구도 나를 대적하여 그의 발꿈치를 들었나이다"라는 시편 41편 9절이 이루어진 것으로 보았습니다.

　이와 같이 예수님은 구약성경에 기록된 구절들을 자신이 하나님의 아들 됨을 증언하는 말씀으로 보셨습니다. 다시 말하면 하나님께서는 예수님이 자기 아들임을 구약성경으로 증거하신 것입니다.

6 지금은 광야에서 외치는 세례 요한의 증거를 들을 수가 없습니다. 예수님이 직접 행하시는 이적도 볼 수 없습니다. 그 대신 이 두 가지 증거는 신약성경에 기록되어 있습니다. 그러므로 신구약성경을 가지면 예수님이 하나님의 아들임을 입증하는 세 가지 증거를 다 가지는 셈이 됩니다. 이런 이유로 성경을 읽는 자는 무엇을 얻을 수 있다고 합니까?(참고/ 디모데후서 3:15)

7 다음 이야기를 읽고 깨달은 것을 나누어 봅시다.

누구든지 마음을 열고 하나님의 말씀을 읽으면 하나님의 아들이신 예수 그리스도를 만날 수 있습니다.

러시아 문호 도스토옙스키는 사회주의 운동에 뛰어들었다가 체포되어 사형을 선고받았습니다. 그가 다른 사형수들과 함께 기차를 타고 수용소로 가던 도중 간이역에서 잠깐 머물게 되었습니다. 이때 어떤 부인이 조그마한 책 한 권을 죄수들에게 건네주었는데, 그것이 도스토옙스키의 손에까지 전해졌습니다. 다름 아닌 신약성경이었습니다. 그는 사형이 집행되는 당일까지 그 성경을 읽고 또 읽었습니다. 그러고는 이런 고백을 했습니다. "누군가 내게 그리스도는 진리가 아니라고 증명한다 하더라도 나는 그리스도와 함께 있고 싶다. 나는 진리보다도 차라리 예수와 함께 있고 싶다. 예수가 진리인지 아닌지는 지금 내게 중요하지 않다. 중요한 것은 내가 신약을 읽다가 만난 그 예수와 함께 살고 싶다는 사실이다."

그가 예수님을 만날 수 있었던 것은 신약성경이 예수님이 하나님의 아들임을 증언하고 있기 때문입니다.

8 당신은 어떤 마음으로 성경을 대하고 있습니까? 어거스틴처럼 성경책을 펴놓고 읽을 때마다 글을 읽는 것이 아니라 하나님이 직접 하늘에서 들려 주시는 음성을 듣는다고 고백할 수 있습니까?

삶의 열매를 거두며

요즘도 가끔 보면 성경을 우상시하는 경향이 없지 않습니다. 성경을 창세기부터 요한계시록까지 열 번 통독하면 신경통이 사라지고 만병에서 벗어날 수 있다는 식의 말이 교회 내에 떠도는 것이 단적인 예입니다. 창세기 1장부터 요한계시록 22장까지를 직접 쓰면 가정에 우환이 사라진다는 말을 듣고 날마다 성경을 베끼는 데 몰두하는 사람들이 있습니다. 왜 이런 맹신이 잘못 되었다고 생각합니까?

Lesson 18

보리떡 다섯 개로 오천 명을

요한복음 6:1~15

마음의 문을 열며

요한복음을 쓴 사도 요한은 예수 그리스도가 하나님의 아들이심을 증언하기 위해서 네 번째 표적을 우리에게 소개합니다. 배고픈 군중을 보리떡 다섯 개와 물고기 두 마리로 배불리 먹이고 심지어 열두 바구니를 남기기까지 한 이적입니다. 얼마나 충격적이고 감동적이었는지 사복음서를 기록한 저자들은 이 사건을 빠짐없이 다루었습니다. 먹은 사람의 수를 들으면 입이 딱 벌어집니다. 남자 성인만 줄잡아 오천 명으로 계산했으니까 부인과 자녀를 다 합하면 만 단위가 넘는 어마어마한 인파였습니다. 사람들은 본문을 읽으면서 '어떻게 이런 일이 있을 수 있을까? 이런 허황된 이야기를 어떻게 사실로 믿을 수 있을까?' 하는 생각을 자주 합니다.

그러나 창조주 되신 그분이 떡 다섯 덩이와 물고기 두 마리로 배고픈 군중을 먹이지 못하신다면 그것은 더 이상한 일이 아닐 수 없습니다. 이 시간 이 놀라운 기적이 주는 교훈에 귀를 기울여 봅시다.

1 예수님이 오병이어의 기적을 행하신 장소는 어디며 시기는 언제였습니까?

　○ 1~4절/

------

2 넓은 초원 가득히 메우고 있던 사람들, 그들은 틀림없이 예수님의 은혜로운 말씀에 푹 젖어 있었고, 즉석에서 고침 받은 환자들이 환호하는 뜨거운 열기 속에 묻혀 해 지는 줄도 모르고 있었을 것입니다. 그들은 배고픔마저 느끼지 못했을 것입니다. 너무 큰 은혜를 받아 배고픔을 잊어버린 경험이 있다면 말해 봅시다.

------

3 오병이어의 기적은 우리에게 먹고 마실 것을 공급하시는 분이 하나님이심을 보여 줍니다. 이 사실을 믿습니까?(참고/ 시편 104:14-15, 마태복음 6:30)

4 빌립과 안드레는 예수님의 기적을 기대하지 못했습니다. 두 사람의 문제점은 각각 무엇입니까?

○ 6~9절/

....

....

....

....

5 다음 글을 읽고 당신의 생각을 말해 봅시다.

> 스탠퍼드 대학의 생물학 교수였던 폴 얼릭 박사는 비관론자였습니다. 그는 인구 폭발로 세계가 점점 위기를 맞을 것이라고 보았습니다. 지금 전 세계의 인구는 빠른 속도로 불어나고 있습니다. 3년마다 미국이 하나씩 생겨난다고 보면 됩니다. 계속 이렇게 가다 보면 식량 위기를 피할 수 없게 되고, 자원은 고갈되며, 환경은 오염되어 끔찍한 재앙이 발생할 것이라고 얼릭 박사는 자기 책에서 경고하고 있습니다.

반면에 메릴랜드 대학의 경제학 교수인 줄리안 사이먼 박사는 전혀 다른 입장을 펴고 있습니다. 그는 세상이 점점 더 살기 좋아질 것이라고 주장합니다. 물론 먹어야 할 입이 많아지면 그만큼 더 많은 양식이 필요하겠지만, 사람은 누구나 일할 손과 창조할 머리를 가지고 태어나기 때문에 단기적으로는 약간 어려움을 당한다 하더라도 장기적으로 보면 반드시 자급자족하게 된다는 것입니다.

이 주장을 뒷받침하듯 1965년부터 1990년까지 15년 동안 세계 인구가 갑절로 늘었지만 이와 동시에 식량 생산도 갑절 이상으로 늘었습니다. 희한하게도 인구 밀도가 높은 나라일수록 더 잘산다는 통계가 나오고 있습니다. 세계의 석유 소비량이 1970년에 비해 7배로 늘었지만 기술의 발달로 채굴이 가능한 석유 매장량 역시 늘어나고 있습니다. 이런 증거들을 등에 업고 1980년에 사이먼 박사가 비관론을 제기한 얼릭 박사에게 도전장을 던졌습니다. 앞으로 10년 동안 누구 주장이 옳은지를 놓고 내기해서 지는 쪽이 돈을 내자는 것이었습니다. 물론 낙관론을 편 쪽이 승자가 되었습니다.

그래서 그런지 현대인들은 부에 대해 점점 자신 있어 하는 것 같습니다. 먹고 마시는 것이 하나님의 손에서 오는 것이 아니라 마치 자기 손으로 만들어내는 것처럼 착각하고 있습니다. 사람은 낙관주의자가 될수록 하나님보다 인간의 창조적 재능과 자립심을 더 의존하게 됩니다. 자신의 잠재력에 기초한 장밋빛 시나리오를 계속 쓰려고 합니다. 따라서 하나님과는 자꾸만 멀어져가는 것입니다.

6 보리떡은 유대 나라에서 가장 값싼 음식 가운데 하나입니다. 그래서 주로 가난한 사람들이 많이 먹는다고 합니다. 물고기 두 마리도 갈릴리 바다에 흔하게 잡히는 피라미나 멸치같은 작은 생선들입니다. 그러니 보리떡이나 물고기가 얼마나 초라한 음식입니까? 그럼에도 불구하고 예수님은 하나님께 감사를 드렸습니다. 이것은 무엇을 교훈합니까?

....

....

....

7 12절을 묵상하십시오. 무엇을 배울 수 있습니까?

....

....

....

 **삶의 열매를 거두며**

빵 한 조각이라도 함부로 버리면 그것을 주신 하나님을 모욕하는 행위가 됩니다. 마구 사서 냉장고에 쌓아놓았다가 유통기간이 지나면 내버리는 것도 하나님이 좋아하지 않으시는 행동임을 알아야 합니다. 꼭 기억하십시오. 풍요할 때 낭비하면 가난할 때 달라는 소리를 할 자격이 없습니다. 남아돌 때 절약해서 그 남은 것을 선한 일에 쓸 줄 알아야 모자랄 때 달라는 말을 떳떳하게 할 수 있습니다.

당신은 얼마나 절제하려고 노력합니까? 그리고 자녀들에게 이것을 바로 가르칩니까?

무엇을 위해 찾는 예수인가?

Lesson 19

요한복음 6:22~40

마음의 문을 열며

본문에는 제대로 알지 못한 채 예수님을 따르다가 나중에 실망하는 무리가 나옵니다. 배가 고플 때 예수님께서 떡 다섯 덩이와 물고기 두 마리를 가지고 그들을 배불리 먹이시는 이적을 베풀자, 사람들은 이제 예수님만 계시면 먹을 걱정은 안해도 될 것이라 생각하고 크게 흥분했습니다. 다음 날도 오늘처럼 기적의 식사를할 수 있을 것이라는 들뜬 마음으로 잠자리에 들었습니다. 날이 새자마자 그들은 배를 타고 어제 모였던 곳으로 벌 떼처럼 달려왔습니다. 지난밤에 예수님이 제자들만 건너편으로 보내시고 혼자 산으로 올라가시는 것을 보았기 때문에 예수님이 분명히 그곳에 계실 줄 알았습니다. 그러나 아무리 찾아도 예수님을 발견할수 없었습니다.

그래서 다시 배를 타고 건너편 가버나움 동네로 몰려갔습니다. 이리저리 찾다가 드디어 예수님을 만났습니다. 그러나 그 순간부터 그들의 마음에 숨겨 놓은 불순한 동기와 불신앙이 여지없이 드러나고 말았습니다.

말씀의 씨를 뿌리며

1 반가워하는 무리를 보시고 예수님이 하신 첫 마디를 들을 때 어떤 느낌을 받습니까? 냉담합니까, 따뜻합니까? 그리고 그런 반응을 보이신 이유가 무엇인지 생각해봅시다.

○ 26~27절/

2 27절 말씀을 깊이 묵상하고 그 내용을 쉬운 말로 다시 써 봅시다.

3 예수님이 말씀하신 "영생하도록 있는 양식을 위한 일"이란 무엇을 의미합니까?

○ 28~29절/

4   유대인들은 영생을 얻기 위해서는 믿음이 아니라 일을 해야 한다고
생각했습니다. 이것을 일컬어 공로의식이라고 합니다. 다음 글을 읽
고 깨달은 것을 나누어 봅시다.

> 벤저민 프랭클린은 "일은 백 년을 살 것같이 하라. 일하는 농부
> 는 앉아 있는 신사보다 존귀하다"라고 말했습니다. 그만큼 일
> 이라는 것은 인간에게 자존감을 주고 보람을 느끼게 합니다. 할
> 라인이라는 문학가는 "거둬들인 모든 곡식이 다 썩어버리고 슬
> 픔이 사람을 폐허로 만들지라도, 할 일만 있으면 그대는 다시
> 한번 살아볼 의미를 찾을 수 있다"라고 했습니다. 아무리 절망
> 스러워도 할 일만 있으면 살 이유가 있다는 이야기입니다. 이처
> 럼 인간은 일에 대한 신념이 강합니다. 그러므로 어떤 점에서는
> 일이란 사람들의 우상이요, 종교가 될 수 있습니다.
>
> 때로는 보람되고 선한 일을 한 것이 자신을 추켜세우도록 만
> 드는 유혹거리가 되기도 합니다. 남들이 좀처럼 하지 못하는 독
> 특한 일을 하면 그것이 자기의 의를 드러내는 공로가 됩니다.
> 그리고 그것으로 인해 자기가 마치 하나님이나 된 것처럼 착각
> 합니다.
>
> 이런 식으로 사람들은 '내가 하나님을 위해 무언가 할 수 있
> 다. 그리고 내가 무언가 하면 그것을 하나님이 인정해주실 것이
> 다'라는 생각을 하는 것입니다. 여기에서 더 나아가면, 구원도
> 자기가 행한 일이나 선한 공로의 대가로 받을 수 있다고까지 생
> 각합니다. 그래서 예수님을 찾아온 무리가 "어떻게 하여야 하나
> 님의 일을 할 수 있습니까?"라는 교만한 질문을 던진 것입니다.

5 예수님이 자기를 믿는 것이 하나님의 일이라고 하시자 유대인들은 믿을 수 있는 표적을 보여 달라고 했습니다. 하루 전에 오병이어의 엄청난 이적을 보았음에도 그들은 또 이적을 요구하였습니다. 이것은 이적을 보면 반드시 믿을 수 있다는 사람들의 편견이 얼마나 잘못 되었는가를 드러내고 있습니다. 당신도 '가끔 이적을 보면 더 잘 믿을 수 있을 텐데' 하는 생각을 하지 않습니까?(참고/ 누가복음 16:30-31)

○ 30~31절/
_____
_____
_____
_____
_____

6 예수님은 자신을 무엇이라고 말씀하십니까? 예수님이 자신을 이렇게 표현하신 이유가 무엇일까요?

○ 35절/
_____
_____

7 무엇이 하나님의 뜻입니까?

○ 39~40절/
_____
_____
_____

 **삶의 열매를 거두며**

우리가 한 생을 보내면서 하나님의 뜻에 일치하는 삶을 사느냐 하는 것은 매우
중요한 문제입니다. 당신은 어떻게 대답할 수 있습니까?

Lesson 20

생명의 떡 예수

요한복음 6:41~71

 **마음의 문을 열며**

요한복음 4장에서 자신을 생수라고 하시던 예수님께서는, 6장에서는 자신을 가리켜 떡이라고 소개하십니다. 이런 그분의 말씀을 대하면 누구나 당황할 수밖에 없을 것입니다. 왜냐하면 예수님은 생수나 떡처럼 그릇과 쟁반에 담을 수 있는 물질이 아니기 때문입니다. 그분은 천지를 창조하신 하나님이며 인격자입니다. 그렇다면 예수님께서 이처럼 자신을 물과 떡으로 표현하신 이유가 무엇일까요?

하나님이신 자신이 육신의 몸을 입고 오신 이유를 사람들에게 이해시킬 수만 있다면 자기는 하찮은 한 조각의 보리떡이 되어도 좋고 급하게 마시는 한 그릇의 물이 되어도 좋다고 여기신 것입니다. 여기에서 우리는 자신을 낮출 수 있는 데까지 낮추시고 우리를 찾아오신 주님을 다시 한번 보게 됩니다.

말씀의 씨를 뿌리며

1 예수님께서 자기를 가리켜 생명의 떡이라고 말씀하셨습니다. 그런데 그 내용을 보면 사람들을 혼란스럽게 하기에 충분하다는 것을 알 수 있습니다. 그들의 반응을 살펴 봅시다.

○ 41절/

○ 52절/

○ 66절/

2 지금도 예수님의 가르침이 마음에 들지 않으면 귀를 막거나 교회를 떠나는 사람들이 종종 있습니다. 현대인들은 주로 어떤 내용의 설교에 많이 닫힌다고 봅니까?

3 예수님이 말씀하신 생명은 육신의 목숨을 의미하는 '비오스'가 아니라 '조에'입니다. '조에'는 요한복음에서만 36회 이상 반복적으로 나옵니다. 이 생명은 영적인 생명인 동시에 영생을 가리킵니다. 예수님은 이 사실을 어떻게 말씀하고 계십니까?

○ 44절/

○ 47절/

○ 51절/

○ 54절/

○ 58절/

4 사람들은 이 영적 생명의 귀중함과 축복을 모르고 있습니다. 그래서 육신의 목숨을 조금이라도 더 연장시켜 보려고 몸부림칩니다. 다음의 글을 읽고 느낀 것을 나누어 봅시다.

> 마이클 잭슨은 전 세계에 모르는 사람이 없을 정도로 유명한 가수입니다. 젊은이들에게는 우상과도 같은 존재입니다. 지난 세월 동안 그는 세상에서 누릴 수 있는 영화와 인기와 부를 전부 누리면서 살았습니다. 마이클 잭슨은 자기가 150세까지 살아야 한다고 말합니다. 그는 오래 살기 위해서 위생에 지나칠 정도로 신경을 쓴다고 합니다. 세균에 감염될까 봐 상당한 시간 동안 마스크를 착용하고, 담배를 피우다가 카펫에 떨어뜨리면 카펫에서 균이 옮을까 봐 담배꽁초도 줍지 않는다고 합니다. 집에서나 밖에서나 얼마나 자주 손을 씻는지 모릅니다. 그리고 젊어지

기 위해서 100퍼센트 농축 산소가 들어 있는 튜브 속을 하루에 도 몇 번이나 들어갔다 나온다고 합니다.

그가 이토록 육신의 생명에 집착하는 이유가 어디 있습니까? '조에'를 모르기 때문입니다. '조에'의 생명을 모르는 사람은 '비오스'라는 목숨에 자신의 모든 것을 다 쏟으면서 매달릴 수 밖에 없습니다.

5 영생을 얻는 조건은 믿음입니다. 그런데 예수님의 말씀을 들으면 믿 음의 핵심이 십자가 죽음에 있음을 알 수 있습니다. 53~55절을 함께 읽고 생각해 봅시다(참고/ 고린도전서 2:2).

6 십자가에 죽으신 어린양 예수를 믿는다는 것이 그의 살을 먹고 그의 피를 마시는 것과 같다면 이것은 믿음의 어떤 요소를 강조한다고 생 각합니까? '먹는다', '마신다'라는 표현에 주목해 봅시다(참고/ 로마서 10:9, 요한계시록 3:20).

7 우리가 십자가의 주님을 먹고 마시는 믿음으로 우리 안에 모시면 다음과 같은 찬송가를 자주 부르게 될 것입니다. 배부르게 먹고 마신 어린아이가 마냥 흡족해서 기뻐하는 모습을 한번 떠올려 보십시오. 당신은 어떻습니까?

> 하늘을 두루마리 삼고 바다를 먹물 삼아도
> 한없는 하나님의 사랑 다 기록할 수 없겠네
> 하나님의 크신 사랑 그 어찌 다 쓸까
> 저 하늘 높이 쌓아도 채우지 못하리
> 하나님 크신 사랑은 측량 다 못하네
> 영원히 변치 않는 사랑 성도여 찬양하세 (찬송가 304장 3절)

8 믿음의 승리는 예수님을 떠나지 않는 데 있습니다. 그러기 위해서는 날마다 고백해야 할 진리가 있습니다. 그것이 무엇입니까?

○ 68~69절

삶의 열매를 거두며

우리는 본문을 통해 네 가지 부류의 사람들을 봅니다. 당신 주변에는 어떤 사람들이 많습니까? 그들을 위해 기도하면서 오늘 공부를 마치도록 합시다.

- 수군거리고 다투면서 믿지 않는 자들 (41, 52절)
- 이해가 안 된다면서 믿음을 버리고 떠나는 자들 (60, 66절)
- 떠나지 않지만 도무지 믿지 않는 자들 (70~71절)
- 끝까지 믿음을 가지고 예수님 곁에 붙어 있는 자들 (68~69절)

옥한흠 다락방 시리즈

옥한흠 다락방 시리즈 18

요한복음 1

초판 1쇄 발행 2001년 8월 20일
개정판 1쇄(66쇄) 인쇄 2025년 10월 30일
개정판 1쇄(66쇄) 발행 2025년 11월 5일

지은이 옥한흠

펴낸이 오정현
펴낸곳 국제제자훈련원
등록번호 제2013-000170호(2013년 9월 25일)
주소 서울시 서초구 효령로 68길 98(서초동)
전화 02)3489-4300   **팩스** 02)3489-4329
이메일 dmipress@sarang.org

ISBN 978-89-5731-005-2 03230

※ 책값은 뒤표지에 있습니다. 잘못된 책은 구입하신 곳에서 교환해 드립니다.

국제제자훈련원은 건강한 교회를 꿈꾸는 목회의 동반자로서 제자 삼는 사역을 중심으로
성경적 목회 모델을 제시함으로 세계 교회를 섬기는 전문 사역 기관입니다.